LES NOUVEAUX MEMOIRES D'UN HOMME-DE-QUALITÉ.

Ludit in humanis divina potentia rebus. *Ovid. De Ponto, eleg. 3.*

Seconde Partie.

Imprimé à LA HAIE,
Et se trouve à PARIS,
Chés les Libraires indiqués à la Première Partie.

M. DCC. LXXIV.

AVERTISSEMENT.

CETTE Seconde Partie ne reſſemblera pas en tout à la précedente : outre que les évènemens qui ſuivront le retour de M. D'YRAN dans ſa patrie, ſe rapprochent davantage de notre temps & de notre manière de voir, il ſemble encore que ſon ſtyle devienne plus ſerieux, ſon coloris plus foncé. Ces Memoires ſont terminés par un dernier Livre très-intereſſant, qui n'y eſt pas étranger, comme l'Épisode du

Chevalier Des-Grieux & de Manon Lescaut, *à la suite des* Memoires d'un Homme-de-qualité : *c'est l'Histoire du fils de* PLACIDIE, *qui sert de conclusion à celle de l'Auteur de cet Ouvrage.*

MEMOIRES

D'UN
HOMME-DE-QUALITÉ.

PENDANT que je fesais préparer mon équipage, mon Valet vint me dire qu'un homme demandait à me parler. Je donnai ordre qu'on le fît entrer. Après m'avoir demandé deux ou trois fois si c'était moi qu'on nommait M. D'YRAN, il me dit que son Maître l'avait chargé de me rendre cette Lettre en main propre, & qu'il me priait de lui faire reponse sur-le-champ. Elle était d'un de mes anciens Amis , que je n'avais pas vu depuis longtemps , de M. de-Courdeval , dont j'ai dit un mot dans la Ire Partie de ces Memoires. Il me mandait qu'il avait des choses à m'apprendre qui ne s'écrivaient point , & qu'il m'importait extrêmement de favoir ; que fi je voulais prendre le peine de monter à cheval, & de venir le trouver , il me donnerait des marques effencielles qu'il était autant mon Ami qu'il l'eut jamais été.

Je montrai la Lettre à Carlière , qui me confeilla de ne pas he-siter d'aler trouver mon Ami. Je partis fur-le-champ , & dis à celui qui attendait ma reponfe , que j'alais la porter moi-même.

Courdeval m'attendait au rendez-vous. Nous nous donnames toutes les marques d'amitié que deux Amis char-més de fe revoir peuvent fe donner après une longue abfence. Il me dit naturellement qu'il m'avait envoyé

chercher pour m'avertir de prendre
garde à moi, parcequ'on en voulait
à ma liberté. ----M. le Duc de-Bavière
(ajouta t-il) eſt outré contre vous, de
ce que vous l'avez trompé ; vous lui
avez menti : il a ſu que vous étiez ici
ſans congé ; il ſ'eſt fait donner une
Lettre-de-cachet pour vous faire arrêter, & l'on doit venir vous prendre
pour vous envoyer à la Baſtille. Je vous
dirai de plûs, qu'il eſt éperduement
amoureux de la belle Perſonne que
vous avez fait paſſer pour votre femme, & que dès qu'il aura reçu de la
part de nos Plenipotentiaires un Cour-
rier qu'il attend avec la dernière im-
patience, il mettra tout en usage pour
la deterrer. Je ſais toutes ces choses
d'un Officier du Duc, qui me les a
dites, ne ſachant pas que je vous con-
naiſſais : un de ſes Amis demande votre
compagnie, & peut-être la lui a-t-on
accordée. Je ſuis très-fâché de vous
apprendre de ſi mauvaises nouvelles ;
j'ai cru cependant qu'il était de mon

A 4

amitié de ne vous rien deguiser dans cette occasion. Je me suis informé de l'endroit où vous étiez, & je suis venu sans perdre de temps vous prier de vous metre à couvert du ressentiment de vos ennemis. La Bastille est un terrible sejour, & si vous m'en croyez, vous vous en éloignerez de deux cens lieues. J'ai quelques mesures à garder, qui m'ont empêché d'aller chés Carlière, & qui ne me permettent pas de rester plus longtemps avec vous. Adieu : si vous avez besoin d'argent, j'ai cent pistoles à votre service : les voici ; voila aussi un passeport pour deux personnes, dont vous pourrez vous servir si vous vous retirez en Hollande——.

Le conseil était salutaire, & ne pouvait venir plus à-propos. J'embrassai mille fois Courdeval, en le remerciant de sa generosité. Je refusai son argent, & je me contentai du passeport. Je lui dis mes affaires en deux mots, & je le priai, s'il le pouvait sans se commettre , de venir confirmer à Carlière tout ce qu'il m'avait dit. J'eus quelque peine à l'y resoudre ; cependant je lui fis si bien voir que Carlière , & Placidie même pourraient croire que je leur en imposais , qu'il se rendit à mes raisons.

Nous nous mimes en chemin ; & , dès que je me fus un peu rassuré sur les frayeurs que m'avait causé l'image de la Bastille , je lui demandai par quel hasard il était à la cour du Duc de Bavière , lui que je croyais en Espagne ? Il me repondit, que j'avais raison d'en paraître surpris , & que , si je savais ses avantures , j'avouerais qu'il était encore plus à plaindre que moi , puisque ses maux étaient sans remède. —Il ne tiendra qu'à vous (lui dis-je) que je les sache ; il y a encore plus d'une lieue d'ici chés Carlière , & vous avez du temps de reste—. Courdeval ne se fit point presser , & commença de la sorte :

L E S

EFFETS DE LA JALOUSIE.

« DE quatre Freres que nous étions,
comme vous favez, il en mourut deux
à Spire. J'étais le plus jeune de tous.
Mon Père aimait fi paffionnément celui
qui reftait avec moi, que ne pouvant
plus fouffrir toutes les marques de pré-
dilection qu'il lui donnait, je pris le
parti d'aler fervir fur mer. A peine y
avais-je fait deux campagnes, que ce
Fils bien-aimé mourut de la petite-
verole. Mon Père me rappela, n'ayant
plus que moi d'enfans, & ne voulut
plus que je ferviffe. Je revins donc à
Paris, où je vécus comme tous les autres
Jeunes-genf, donnant dans les plaisirs
fans reserve & fans reflexion. Vous
connaiffez mon humeur; la plus belle
femme n'a jamais pu me fixer deux
jours, & fouvent je m'en degoûtais
avant qu'elle eût eû le temps de me
rendre heureux. Je ne me donne point

pour un homme à bonnes-fortunes ,
& j'ai de mon merite une opinion très-
modeſte ; mais comme il faut peu de
chose pour plaîre , je n'avais pas eu
lieu de me plaindre du beau-ſexe , juſqu'à l'avanture que je vais vous
raconter.

» Madame de Villemanoir , veuve
d'un Tresorier de France à Paris , a
deux filles. L'aînée commence à
paſſer , quoiqu'elle n'ait pas encore
vingt-cinq ans. Elle était fort aimable
lorſque je la connus : aujourd'hui , elle
eſt maigre & ſèche , quoiqu'aſſés
blanche : ſes yeux ont perdu leur
éclat ; ils ne lancent plus ces regards
animés qui penetraient juſqu'au cœur :
enfin , de tous ſes charmes , elle n'a
plus que de grands cheveux blonds ,
faibles reſtes , quoiqu'on les comparât
à des chaines propres à retenir les
Amans ! Je ne vous dis rien de ſon humeur ; la ſuite de mon diſcours vous
le fera connaître : il eſt bon pourtant
que vous ſachiez qu'il a ſouffert la mê-

me alteration, les mêmes changemens que son visage. Je lui rendis des soins, moins par goût que par habitude. Madame de Villemanoir & mon Père demeuraient dans la même maison ; j'étais tous les jours chés elle : mes assiduités auprès de sa Fille lui fesaient plaisir ; elle me regardait comme un bon Parti. Mon Père, de son côté, qui savait qu'elle était riche, & qui n'avait rien tant à cœur que de me voir prendre un engagement solide, était bien-aîse que je l'aimasse.

» Autorisée du consentement de sa Mère, mademoiselle de Villemanoir me recevait parfaitement bien. Je ne fus pas longtemps à lui persuader que je l'aimais, & à l'engager à me dire quelle m'aimait aussi. C'était tous les jours des galanteries de ma part dont elle me tenait compte. Je lui fesais valoir les moindres choses. Manquais-je une partie de spectacle, ou de souper ; je n'avais qu'à lui dire que c'était pour elle, elle me croyait, elle était comblée,

Je lui dois cette juſtice , malgré tous les maux qu'elle m'a faits dans la ſuite , qu'il n'y a point de bonnes manières qu'elle n'ait eues pour moi. Jamais fille n'a été plus genereuse , & jamais fille ne m'avait paru plus digne d'être été aimée que je la trouvais alors. Que vous dirai-je de plus ? ſi j'avais été d'humeur à la mettre à de certaines épreuves, & que je n'euſſe pas été auſſi desintereſſé quelle était liberale , elle m'aurait dedommagé avec profusion des depenſes que je fesais pour elle. Je connais des genſ qui , à ma place , auraient cruellement abusé de ſa facilité.

» Pendant que nous vivions dans la meilleure intelligence du monde , & que , ſatiſfait de ſon cœur , je me croyais revenu de toutes mes inconſtances, mademoiselle de-Villemanoir la Cadette , qu'on appelait mademoiselle de-Merincour, revint du couvent : elle avait dix-ſept ou dix-huit ans ; c'était une brune charmante. Je ne vous en ferai point un portrait à la Cyrus, ou à la Clelie ;

je vous dirai feulement qu'elle était
mille fois plus belle que fa Sœur,
quoique fa Sœur fut extrêmement jolie.
Pour l'efprit, je vous avouerai qu'elle
n'en était pas abondamment pourvue ;
mais auffi elle ne l'avait point artificieux : c'était une ingenuité touchante ;
la nature dans toute fa belle fimplicité
f'exprimait par fa bouche ; incapable
de feindre, on lisait dans fes yeux tous
les fentimens de fon cœur.

» Je la regardai d'abord comme la
Sœur de ma Maitreffe ; c'eft-à-dire
que je ne fentis pour elle qu'une
tendre eftime. Je m'étais étourdi fur
le plaisir de changer : content du
cœur de mademoiselle de-Villemanoir,
je me bornais à l'aimer & à m'en faire
aimer ; je lui croyais un excellent caractère ; &, puifque j'étais deftiné à
me marier, je me trouvais heureux de
pouvoir paffer mes jours avec elle. Je
preffais mon Père de hâter mon bonheur ; elle partageait mes empreffe-
mens.... Mais pourquoi m'arrêter fur

des circonſtances qui ne me rendent que plus coupable ?... Lorſque ma paſfion paraiſſait la plus vive ; ſoit caprice , ſoit fatalité , je revins à mon naturel , & je changeai tout-d'un-coup. Je me fis quelques reproches de mon inſtabilité ; mais enfin , je la trouvai ſi agreable , que je n'eus pas la force de m'en defendre.

» Je voyais tous les jours la jeune de Merincour. Je lui disais des douceurs qui l'embarraſſaient , & auxquelles elle ne repondait qu'en rougiſſant ; je la louais ſur ſa beauté ; mes éloges la troublaient , & j'étais charmé de ſon trouble. Enfin , je lui dis que je l'aimais ; je la priai de me croire. Elle me repondit ingenuement , qu'elle ne ſavait pas ce que c'était qu'aimer ; mais que ſi c'était vivre avec quelqu'un comme je vivais avec ſa Sœur , aimer était quelque chose de bien doux ! qu'elle n'en ſavait pas la raison , mais qu'elle était quelquefois peinée de nos ſentimens mutuels. —Hélas! (continua-

t-elle d'un air encore plus ingenu)
vous me dites que vous m'aimez, &
je fais trop que c'eft ma Sœur qui
vous eft chère ! Quel plaisir prenez
vous donc à me parler de choses qui
ne font pas vraies ? Je n'ai point d'experience; fincère, je crois que tout
le monde l'eft comme moi ; & , fi j'a-
lais vous croire, je mourrais de douleur de me voir trompée. ——Ah ! lui
dis-je , en me jetant à fes genoux,
vous ne le ferez jamais, divine Merincour ; je fens mille fois plûs d'amour
que je n'en ai fenti pour votre Sœur :
je l'ai aimée, il eft vrai, mais je ne
vous avais point vue ; & je vous jure
que je n'avais pour elle qu'une paffion
languiffante : vous feule pouviez remplir tout le vide de mon cœur ; il
éprouve auprès de vous des tranfports,
une énergie qu'il ne reffentit jamais
auprès d'elle : j'étais né pour vous
adorer. Ne craignez rien (ajoutai-je
en lui baisant la main) ; le plus in-
conftant de tous les hommes ceffe-
rait

rait de l'être en vous voyant ; &
quant à moi, je ne veux plus vivre que
pour vous prouver ma fidelité. —Mais
(reprit-elle) nous trahiſſons ma Sœur,
ou du-moins vous la trahiſſez : je
tremble que vous ne me trompiez auſſi ? Ah ! Courdeval, ſi vous lisez dans
mon cœur, vous voyez ce qui ſ'y
paſſe : je n'en connais pas bien les
mouvemens ; mais enfin je ſens pour
vous ce que je n'ai jamais ſenti pour
perſonne.... Eh ! pourquoi vous fais-
je un pareil aveu ! que je ſerais malheureuse ! que vous ſeriez indigne ,
ſi vous abusiez de ma confiance & de
ma bonne-foi !

» Je n'eus pas le temps de lui repondre ; ſa Sœur étant entrée, mademoiselle
de Merincour nous laiſſa. Je tâchai
de me contraindre : mais qu'on eſt
peu maître de ſon cœur ! elle me trouva rêveur & diſtrait ; à-peine lui re-
pondais-je. Elle m'en fit la guerre ; je
payai de mauvaises excuses , & je
ſortis peu de temps après, ſans beau-

coup m'embarrasser des reflexions qu'elle pourrait faire : j'étais trop rempli de mon bonheur pour me livrer à d'autres pensées. Je parle à un Amant, & vous concevez sans peine tout ce qu'a de doux & de flateur l'état où je me trouvais : faire naître de tendres sentimens dans un jeune Cœur qui n'a jamais aimé, qui ne sait pas même ce que c'est que l'amour, c'est, mon cher D'Yran, c'est le comble de la félicité.

» Mademoiselle de-Villemanoir fut alarmée de ma froideur ; mais elle n'en déméla point la cause ; elle espera que je serais plus raisonnable le lendemain. Cependant, je pris si peu de peine pour la rassurer, & la peu dissimulée mademoiselle de-Merincour avait si peu l'art de se deguiser, qu'elle eut de violens soupçons de mon infidélité. Loin de les detruire, mes regards & mes empressemens les confirmèrent. Je la croyais incapable de jalousie ; mais elle m'en donna les mar-

ques les plus terribles lorsqu'elle ne
put plus douter qu'elle ne fût trahie.
Elle commença par me defendre l'entrée de sa chambre ; elle ne voulut
point d'éclaircissement avec moi ; elle
me dit que je n'en meritais pas : elle
accabla sa Sœur d'injures & de reproches. La timide Cadette les souffrit
sans dire un seul mot , & laissa prendre
à son Aînée un si grand empire sur
elle , qu'il n'y a point de mauvais trai-
temens qu'elle n'en ait reçus.

» Peu contente d'avoir averti sa Mère
de la conduite de sa Sœur , qu'elle lui
peignit avec les couleurs les plus noires,
cette furieuse ala trouver le Confesseur de
sa Rivale ; & se laissant aveugler par sa
passion , elle s'efforça de donner une in-
terpretation criminelle aux actions les
plus innocentes. Celui-ci , abusant de
la simplicité d'une conscience timorée ,
peignit à la jeune de Merincour , son
engagement avec moi, comme un crime
épouvantable : il la menaça de l'enfer,
& n'oublia rien pour l'intimider. La Pe-

nitente se recria contre tant de severité ;
lui dit que Dieu, qui lisait au fond de
son cœur, voyait bien qu'elle n'avait
point envie de l'offenser en m'aimant.
Mais, il refusa de l'entendre davantage,
parce qu'elle ne voulut point promettre
de rompre avec moi. Elle m'écrivit toutes ces choses ; je dis qu'elle me les écrivit, car il n'y avait plus moyen de nous
parler ; sa Sœur l'éclairait de trop près,
& ne la quittait presque pas.

» Pendant que tout cela se passait,
mon Père qui ne sçavait rien de ma
brouillerie avec mademoiselle de Villemanoir, s'occupait à tout régler avec sa
Mère pour mon mariage. Mais lorsque
cette Dame voulut en parler à sa Fille,
elle repondit, qu'elle mourrait plutôt
que d'épouser un traître & un parjure :
elle fit à sa Mère un portrait affreux de
ma conduite, parce que sa Sœur étant
présente, elle esperait qu'il ferait une
impression desavantageuse. Elle se trom-
pa : mademoiselle de Merincour en
me mandant toutes les noirceurs dont

fa Sœur m'avait chargé, m'affura que,
loin d'avoir apporté le moindre changement dans fes difpofitions, tout ce
qu'on avait dit ne fervait qu'à me rendre plus cher à fon cœur. Elle m'ex-
hortait à lui demeurer fidèle, & me di-
fait de compter fur une conftance de fa
part à toute épreuve ; ajoutant qu'elle
était charmée de toutes les perfecutions
qu'elle effuyait à mon fujet ; parce qu'elle les regardait comme un moyen de meriter ma tendreffe ; & que la patience
avec laquelle je les lui verrais fouffrir,
me convaincrait de la folidité de fes fentimens.

» Madame de-Villemanoir, voyant
que fa Fille n'avait point voulu entendre à un engagement avec moi,
lui propofa un autre parti : mais elle
m'aimait encore, & ne m'avait de-
daigné que pour ne pas f'expofer
elle même à la honte d'un refus. Cependant elle feignit d'entrer dans les
vues de fa Mère, efperant que ma
première paffion pour elle n'était peut-

être pas si bien éteinte, qu'elle ne se
ralumât , quand je la verrais sur-le-
point de se donner à un autre.

» Il parut dès le lendemain un Pré-
tendant qui n'eut pas peu à souffrir
des inégalités de son humeur, quoiqu'au - dehors elle affectât de le bien
traiter. J'apprenais ce petit manége
avec indifference ; & comme elle continuait de persecuter sa Sœur , je commençai à la haïr & à la mépriser , de-
manière qu'elle put aisément s'en apercevoir. Je disais hautement, que c'était
une folle , dont on devait fuir la
société. Elle le sut , & en devint furieuse ; ses mauvaises manières & sa
tyrannie redoublèrent. Tout le mal
qu'elle fesait à sa Sœur ne la satiffesant
pas , elle tourna son desespoir contre
elle-même ; elle ne dormait plus , elle
ne voyait personne ; enfin , elle se
tourmenta si fort, qu'elle en tomba
malade , & perdit presque tous ses
attraits. Ce n'était plus cette personne charmante , de l'humeur la plus

agreable ; c'était un squelette, un vrai fantôme , dont le caractère repondait à la figure. L'horrible passion que la jalousie , & qu'elle a de funestes effets !

» Mademoiselle de Villemanoir s'apercevant qu'elle était la première victime de sa phrénesie , changea de conduite en apparence. Elle se radoucit tout-à-coup, feignit de renoncer au mariage , & declara qu'elle ne se reserverait qu'une pension , si sa Sœur voulait épouser un homme qu'elle lui nomma. Elle fit en-même-temps tous ses efforts pour l'engager à prendre ce parti. Madame de Villemanoir y interposa son autorité. Le Rival parut ; j'en fus alarmé : mademoiselle de Merincour me sut mauvais-gré de mes inquiétudes :

Je vous les pardonne (m'écrivit-elle) *si c'est l'amour seul qui vous les cause ; mais si c'était la defiance, j'en serais inconsolable. Connaissez mon cœur ; vous l'avez touché , il vous aime ; rien ne*

peut le faire changer. Ne suis-je pas affés
malheureuse dans ma situation, sans
que vous travailliez à m'accâbler par vos
soupçons & par vos craintes ? On me
tend des piéges de tous côtés ; aulieu de
m'aider, de me soutenir par vos conseils,
vous achevez de me desesperer. Ayez plûs
de force sur vous-même, & mandez-moi
ce que je dois faire en cette occasion.

» Le Rival dont j'ai parlé, était un
Maître-des Comptes. Il fit tous ses
efforts pour plaire à mademoiselle de
Merincour : mais quand il vit ses
soins inutiles, il eut recours à madame de Villemanoir. Elle aimait
sa Fille, elle n'eut pas la force de la
contraindre, ni la dureté de la mettre
dans un Couvent ; le peu delicat
Maître-des-Comptes fut contraint de
se retirer.

» Mademoiselle de-Villemanoir ne
sachant plus quel moyen employer
pour réussir dans ses projets, prit une
resolution desesperée, qui me fait
encore fremir. Ses charmes l'éclip-

saient

faient tous les jours ; & tous les jours
fa Sœur embelliffait : elle jura d'en
faire un objet d'horreur. —Un Perfide, disait-elle, m'a quittée pour
ma Sœur : ah ! je faurai la mettre dans
un état fi affreux, qu'à-fon tour elle é-
prouvera le fupplice d'être abandonée !

» Je ne fais quelles pernicieuses dro-
gues elle lui fit prendre , ni comment
elle put fe les procurer ; mais enfin ,
cette aimable Perfonne tomba dans
une langueur digne de compaffion ;
une pâleur livide , un air de marafme
la rendirent meconnaiffable.

» On m'informa de ce trifte accident; j'en fus aux defefpoir. Ne pouvant
foupçonner mademoifelle de-Villemanoir d'une fi horrible mechanceté ,
je crus que le chagrin feul reduisait
ma chère Maitreffe dans ce cruel état.
Je lui fis dire que je la priais de ne
point f'affliger , & que fon mal ne venant que de l'agitation de fon efprit ,
quelques jours de repos & de tranquilité pourraient la retablir.

II Partie,   C

» Le Medecin , foit qu'il fût gagné ,
foit qu'il n'en fût pas d'avantage , dit
que c'étaient les pâles couleurs. Mademoiselle de-Villemanoir en fit des
railleries, qui me revinent ; fa Sœur les
fut auffi , & ne fut plus maitreffe de
diffimuler ce qu'elle penfait depuis
longtemps. Elle trouva le moyen de
m'ouvrir fon cœur fur les foupçons
qu'elle avait contre fon Aînée. Ils ne
me parurent , que trop bien fondés.
Je cherchai ce monftre pour l'acca-
bler de reproches , & pour l'obliger à
m'avouer la vérité. J'étais dans une fi
grande fureur , que je ne fais ce que
je n'aurais pas fait, fi je l'euffe trouvée :
mais elle eut foin de m'éviter.

» Cependant fa haîne n'était pas fatiffaite : mademoiselle de-Merincour
n'était point affés defigurée , puifque
je l'aimais encore. J'avais confulté fur
fa maladie les plus celèbres Medecins ;
ils avaient prefcrit des remèdes qui
femblaient faire un affés bon effet , &
l'on commençait à ne plus defefperer

de sa guerison. La jalouse & barbare de Villemanoir trouva moyen de subfti-tuer à un *calmant*, que sa Sœur devait prendre de la main de sa Mère, un so-poratif puissant : au milieu de la nuit, elle entra dans la chambre de l'infortu-née de-Merincour, elle lui cicatrisa le visage avec un diamant, & versa de l'eau-forte sur les plaies.

» Mademoiselle de Merincour se re-veilla ; sa Sœur était disparue. Les dou-leurs qu'elle ressentait l'empêchèrent d'a-bord d'appeler du secours. Mais enfin, cette Infortunée jeta quelques cris plain-tifs , qui furent entendus de sa Femme-de-chambre. En la voyant toute ensan-glantée & sans connaissance, cette fem-me la crut morte, & s'écria. Madame de Villemanoir accourut au bruit; sa Fille aînée eut l'effronterie ou la ferocité de venir aussi. Quel affreux spectacle pour une tendre Mère, de trouver sa Fille dans ce deplorable état ! On lui de-manda , qui l'avait traitée de la sorte ? Soit par generosité, soit qu'elle craignît de se tromper , on n'en put tirer aucun éclaircissement ; elle s'obstinait à dire que cela lui était arrivé en dormant, & que lorsqu'elle s'était éveillée , elle n'avait vu personne dans sa chambre.

» L'eau - forte penetra dans l'instant jusqu'aux os. Le Chirurgien qu'on envoya chercher , fut dans le plus grand embarras ; il promit neanmoins de sauver la vie à la Malade ; mais il dit en même-temps que la cure serait imparfaite , puisque madmoiselle de-Merincour , de la plus jolie personne de Paris , alait devenir la plus laide.

» Informé dès le matin par la Femme-de-chambre du malheur qui venait d'arriver , je me levai , je courus chés madame de Villemanoir : lorsque j'entrai , le Chirurgien mettait le premier appareil. En voyant celle que j'adorais , en l'entendant gémir , que devins-je ! . . . Je manque d'expressions pour vous peindre mon desespoir. On ne meurt point de douleur , puisque je n'expirai pas à cette horrible vue. Je tombai sur un siége, anéanti, abîmé: —Barbare ! (m'écriai je , en m'adreffant à made- moiselle de Villemanoir) , je reconnais- là votre ouvrage ! mais c'eft moi qui vous ai trahie ; mais c'eft moi qui vous detefte : votre Sœur était innocente ; pourquoi l'avez-vous punie de mon cri- me ?.... Que dis-je ! ce crime préten- du , je le regarde aujourd'hui comme une faveur du Ciel , qui m'a préservé de m'unir avec une Furie......Infâme , tu t'es noblement vengée ... fur une victime languiffante , & fur ton propre fang.

» Quelqu'emportés que fuffent mes reproches, ils parurent ne pas l'émou- voir ; elle goûtait à longs traits le plai- fir de la vengeance. Madame de Villema- noir, par prudence , feignit de ne me pas entendre , & fe livrait à fes triftes refle- xions.—Quoi, madame!(lui dis-je,)vous gardez le filence ! & vous êtes Mère ! —Hélas ! (me répondit-elle le fuis-en- core—! & les fanglots lui coupèrent la voix. Cependant je m'agitais ; je me tourmentais ; tantôt je prenais les mains

C 3

de mademoiselle de Merincour , & je les baisais ; tantôt je jetais sur sa Sœur des regards furieux ; & tantôt j'embraffais les genoux de la Mère de mon Amante. Mon égarement effraya madame de Villemanoir , deja trop accablée : —Monfieur , me dit-elle , plaignez-moi : de tous côtés je n'entrevois que des images douloureuses... Ma Fille , (continua-t-elle , en regardant avec un foupir dechirant mademoiselle de Villemanoir) ferait-il poffible ! ... Et toi , ma chère Merincour ! ... eft ce toi que je vois dans un état fi funefte——? ... Ces tendres regrets furent accompagnés de larmes amères. ——Ah ! je vous pleure toutes-deux (f'écria cette Mère desefperée) ; j'ai perdu mes deux enfans ! ...

» Neanmoins l'Aînée des filles de madame de Villemanoir ne fut que foupçonnée ; on évita la conviction qui eût été trop odieuse ; & l'on affoupit cette borrible affaire.

» Mademoiselle de-Merincour qui , pendant qu'elle fut forcée de garder la

chambre , avait fait vœu de prendre le
voile , se jeta dans un Couvent dès qu'elle fut guerie. Je fis d'inutiles efforts pour
la detourner de cette resolution ; je lui
jurai envain que je l'aimais autant que
lorsque ses charmes étaient dans leur
plus grand éclat ; que je me tiendrais heureux de passer mes jours avec elle , &
que j'estimais plûs les qualités de son
âme que les charmes d'un joli minois :
elle ne m'écouta point , & refusa même
de me voir les derniers jours qu'elle res-
ta dans le monde.

» Cette avanture me causa tant de
chagrin , & tant d'horreur pour mademoiselle de Villemanoir , que , pour l'é-
viter , je priai mon Père de me permettre
d'aler en Espagne : il y consentit , & je
fis ce voyage dans la situation d'esprit la
plus violente.

» Il y avait à peine six mois que j'é-
tais parti , lorsque je reçus des Lettres
de France: on m'y mandait qu'une longue maladie dans laquelle mademoiselle de-Merincour était tombée , l'avait

empêchée de faire profession , & qu'elle
était retournée chés madame sa Mère.
Ces nouvelles reveillèrent un amour que
l'impossibilité du succès commençait à
affaiblir ; je sentis renaître tous mes transports ; je me reprochai le peu d'empres-
sement que j'avais marqué pour la retenir ; je me flatai que je serais plus heureux si je pouvais encore lui parler. Je
pris la poste , resolu de la flechir ou de
mourir à ses genoux. Elle apprit mon
retour , elle craignit ma vue , & se hâta
de faire ses vœux. J'arrivai quelques jours
après ce cruel sacrifice.

» Je fus accablé de ce nouveau revers.
On me donna une Lettre de sa part ,
qui ne servit qu'à rendre ma douleur plus
vive , & qu'à me faire mieux sentir la
perte que je venais de faire. La voici :
lisez-la , mon cher, & voyez si j'ai tort
de regretter une Jeune-personne qui a
des sentimens si genereux.

(Lettre de M.lle DE MERINCOUR,
à son AMANT.)

Vous poussez trop loin le souvenir

d'une Infortunée, qui ne doit plus vous demander d'autre grâce que celle de l'oublier. Je vous ai toujours cru genereux ; mais je ne croyais pas que vous le fuſſiez jufqu'à devenir la victime de votre generosité. Eſt-il poſſible que vous ayiez oublié que je ne ſuis plus qu'un objet d'horreur, & que vous n'en ayiez point conçu pour moi ? Si cela eſt, je vous l'avoue, il n'y a que vous au monde capable d'un ſi grand effort. Mais, monſieur, ne craignez pas que j'en abuse ; vous m'avez fait un ſacrifice, je vous en dois un autre. Je pris d'abord le parti de me retirer dans un Couvent par la crainte que vous ne vous repentiſſiez un jour de la demarche que vous vouliez faire. Aujourd'hui j'y entre par reconnaiſſance : ce ſerait mal repondre à votre amour, que de vous donner pour compagne une perſonne que ſa laideur effrayerait elle-même, ſi elle était encore ſenſible aux choses de la terre. Vous étes digne d'un meilleur ſort ; je ferai toute ma vie des vœux au Ciel pour vous le procürer : c'eſt tout ce que je vous prie d'exiger de moi.

» Mademoiselle de - Villemanoir , (poursuivit Courdeval) ôsa me faire parler de raccomodement : vous imaginez comme je dus recevoir de pareilles propositions. Sur ces entrefaites , il fut question d'envoyer des Plenipotentiaires en Hollande. Monsieur le Marechal d'Uxelles, & monsieur l'Abbé de Polignac fu nommés. J'étais connu du premier ; je le priai de m'enmener avec lui ; je fus accepté , & voici le second voyage que je fais en France depuis mon depart ; dispensez moi de vous en dire les motifs. J'attens une reponse du Duc de Bavière, que je n'aurai que dans huit ou dix jours.

» Convenez à-présent que je suis dans une situation bien douloureuse ? Aussi charmé que jamais de mademoiselle de-Merincour , je l'adore ; elle est Religieuse ; elle m'aime encore , sans-doute, & je la perds pour toujours ! Est-il Amant qui soit plus malheureux » ?

Courdeval finit - là son histoire ; je plaignis la destinée de mademoiselle de-Merincour , & la sienne. Un moment après nous arrivames chés Carlière , à

qui ce fidèle Ami confirma, en présence
de Placidie , tout ce qu'il m'avait dit
des desseins du Duc de Bavière sur elle
& sur ma liberté. Ils en furent effrayés ,
& consentirent que je prisse des mesures
pour prévenir ce double malheur. Courdeval , qui ne pouvait pas rester d'avantage , prit congé de nous , pour retourner à Compiègne.

Carlière me dit que je n'avais pas de
temps à perdre ; qu'il falait que j'épou-
sasse Placidie le soir même, & que nous
nous sauvassions le lendemain. ——Y con-
sentez-vous , belle Placidie , lui demandai - je en tremblant ? Daignerez-vous
suivre ma fortune ? ——Oui , me repondit elle , je vous suivrai par-tout quand
vous serez mon Mari——.

Carlière sortit , & revint accompa-
gné d'un Notaire & du Curé. Celui-ci
avait d'abord fait beaucoup de difficul-
tés de nous marier sans dispenses ; mais
il s'était rendu aux raisons & à l'amitié
de Carlière , qu'il connaissait pour un
parfait honnête - homme. Le Notaire
dressa le contrat , qui fut signé par tous

les genſ de la maison ; & le Curé nous donna la benediction nuptiale.

Aulieu de me livrer aux plaisirs qui venaient de nous être permis , je ne ſongeai qu'à notre depart. Nous reſolumes que Placidie prendrait un habit d'homme ; & , parce que nous n'avions pas le temps de lui en faire faire , elle mit un des miens. Elle était ſi charmante ſous ce deguisement , que je craignis qu'elle ne pût ſoutenir le perſonnage. On la devinera , disais - je , par-tout où nous nous arrêterons. Je ſouhaitai preſque dans ce moment qu' elle fût moins belle (& j'ai plus d'une ſois renouvelé ce vœu-là : il ſemblait qu'en enmenant Placidie , une voix ſecrette m'annonçât le malheur qui m'attendait ; j'étais jaloux ſans objet, & j'aurais voulu la cacher à tous les yeux). Nous resolumes encore que mon Epouse paſſerait pour un jeune Seigneur parent du Marechal d'Uxelles , qui l'alait trouver , & qu'elle ne me parlerait que comme ſi j'étais ſon Valet-de-chambre. Elle

voulait aler à cheval ; mais je m'y oppo-
sai pour lui en épargner la fatigue , &
pour faire plus de diligence nous primes
une chaise de poste. Carlière me donna
de l'argent pour faire mon voyage , &
attendre les Lettres-de-change qu'il m'en-
verrait en Hollande. Dès que le jour
parut, nous primes congé de lui & de sa
femme. Nous les regardions, Placidie
& moi , comme s'ils avaient été notre
père & notre mère. Je passerai legèrement sur cette separation ; elle fut tendre , mais trop douloureuse pour que
je me plaise à m'en retracer le souvenir.

Nous gagnames la frontière sans aucun accident. Ma maladie m'avait si
fort changé , que je ne fus point reconnu de quelques Officiers que je trouvais
dans les villes par où nous passames. On
nous laissa sortir du Royaume à la faveur du passeport dont je m'étais muni.
Quand je me vis hors de France , je
commençai à respirer.

Enfin , nous arrivames , après mille
fatigues , dans le hameau où étaient nos

Plenipotentiaires. J'alai, avec Placidie, saluer monsieur le Marechal d'Uxelles ; je lui contai mes avantures ; il nous plaignit, & donna beaucoup de louange à la beauté de ma Femme. Nous rendimes aussi visite à monsieur l'Abbé de Polignac, qui fut frappé d'admiration à la vue de Placidie. Il ne pouvoit se lasser de me dire que j'étais le plus heureux de tous les hommes, & qu'il ne me blâmait point d'avoir tout quitté pour une aussi belle Personne. Il ajouta beaucoup d'autres complimens, naturels à la galanterie française, & très-flateurs pour mon Épouse. Placidie rougit, & sa modestie lui attira de nouveaux éloges. Nous demandames des lettres de recommandation à ces Messieurs ; mais ayant su que l'on ne fesait pas grand cas d'eux en Hollande, nous ne les pressames pas, sur la difficulté qu'ils firent de nous en donner.

Quelques jours après, nous arrivames à La-Haye : nous descendimes chés un Marchand pour qui Courdeval m'avait donné une Lettre, & qui nous logea dans sa maison. Placidie s'y remit de ses fatigues. Le bruit de sa beauté se repandit bientôt dans ce fameux village ; il n'y eut personne qui ne s'empressât pour la voir. Le Prince Eugène eut la même curiosité ; & m'avoua qu'il n'avait pas encore vu de beauté si accomplie. Ce discours dans la bouche d'un Prince connu par ses galanteries (qui ne furent pas toujours delicatement conduites), me donnait lieu de faire d'étranges re-flexions, & je m'en serais alarmé bien davantage , si la vertu de ma Femme ne m'avait rassuré : d'ailleurs le Prince devait partir dans deux jours pour l'armée. Il m'offrit de l'emploi ; je le priai d'excuser mon refus ; en lui fe-sant respectueusement entendre qu'on ne me reprocherait jamais, quelle que fût ma mauvaise fortune , d'avoir porté les armes contre mon Roi & ma Patrie. Il approuva ma delicatesse , & m'assura que je pouvais compter sur sa protection.

Jusqu'à la visite que je venais de rendre au Prince Eugène, je n'avais encore éprouvé aucune des traverses ordinaires des Amans : j'avais aimé ; j'avais plu : Deschamels, malgré ses vues singulières, avait cedé plutôt qu'un autre ; je venais d'épouser, & ma jeune Compagne m'avait suivi Mais il n'était pas naturel qu'avec une beauté comme celle dont était douée Placidie, moi, proscrit, expatrié, j'en demeurasse le tranquile possesseur.

Les fonds que j'avais apporté de France ne pouvaient durer longtemps ; & Carlière, cet Ami respectable, mon unique esperance, était dans un âge avancé ; la mort pouvait me l'enlever, & me laisser sans ressource. Je souhaitai de l'emploi, afin de subsister par moi-même. Dans ce dessein, je cherchai à me lier avec quelques-uns de mes Compatriotes qui étaient en place, & qui pouvaient me servir. Le hasard parut vouloir me seconder :

je

je rencontrai un Parent de M. de-
Courdeval , nommé D'Imberſon :
notre liaison fut bientôt faite : ce
Jeune-homme était fugitif comme moi,
quoique par d'autres raisons : il avait
enlevé d'un monaſtère de Paris , une
Jeune-perſonne d'aſſés baſſe extraction,
mais d'une figure très-agréable. C'était
ce qu'on nomme en France une jolie
femme : néz voluptueux & retrouſſé ;
œil vif ; bouche riante & mignone ;
air fin ; taille bien deſſinée ; en-un-
mot une fille charmante de la tête
aux piéds.

L'enjoûment de madame D'imberſon
(car ſon Amant l'avait épouſée)
charma Placidie ; elle crut qu'un
exterieur ouvert & prévenant , annonçait toujours la franchiſe & l'honnêteté : je le crus auſſibien qu'elle,
moi qui avais l'experience qui lui
manquait. Madame D'Yran prit naturellement du goût pour une Jeune-
perſonne de ſa nation , que le mariage
rendait ſon égale; & par mes conſeils ,

II Partie.   D

elle en fit son inseparable Amie.

D'Imberson était Colonel au service des Provinces-unies, & fort estimé du Prince-Eugène ; il employa les raisonnemens les plus forts pour m'engager à l'imiter, & à prendre de l'emploi dans les troupes de la Republique : je persistai dans les sentimens que j'avais marqués au Prince. Madame D'Imberson était un jour présente à l'un de nos entretiens. Elle applaudit à mes scrupules, & avec son enjoûment ordinaire, elle me dit que si je voulais profiter de mes avantages & de ceux de mon Épouse, je pourrais obtenir un grade honorable sous un Prince ami de la France. Elle voulait parler du Duc de-Bavière ; (car nous ne lui avions pas deguisé les motifs de notre fuite). Je ne fis pas grande attention à ce discours ; d'autant que je reçus le jour même des Lettres de Carlière, propres à me procurer quelque tranquilité : cet Ami fidèle, ou plutôt ce second Père de Placidie , nous envoyait une lettre-de-change pour une fomme affés confiderable , qui me fut comptée fur le champ.

Une chofe qui me furprit beaucoup , c'eft que madame D'Imberfon parut fâchée de cette marque d'amitié de Carlière : Elle ne put f'empêcher d'en temoigner quelque chofe à Placidie , en lui difant , que l'argent de mon Ami ne fervirait qu'à me retenir dans une inaction , dont je voudrais peut-être fortir quand il n'en ferait plus temps. Enfuite , elle entra dans quelques details fur fes vues pour moi : ——Nous fommes Amies , ditelle à mon Époufe , & je defire que notre liaifon dure auffi longtemps que notre vie : pour cela , je veux vous procurer les mêmes avantages dont je jouis. C'eft à moi que mon Mari doit la protection dont l'honore le Prince-Eug**. Outre que favorifer un Heros ou un Souverain , a quelque chofe d'affés relevé pour être

excusable , une femme honnête a
mille moyens de plaire , fans donner
à fa vertu de ces atteintes grâves
qui la font perdre tout-à-fait. C'eft
ma position avec le Prince. Il m'aime ;
moi , j'aime mon Mari ; & mon cœur
eft tout entier à ce dernier , quoique
l'autre ait obtenu quelques complai-
sances. Ma chère D'Yran , vous êtes
belle ; nous pouvons être heureuses
toutes-deux fans être rivales : prenez
ma conduite pour modèle : agiffez
avec le Duc de-Bav** , comme je
fais avec le Prince Eug** ; vous aurez
la fatiffaction de faire un fort heureux
à votre Mari , comme j'en procure un
au mien. Mais il faut de la prudence , mon aimable D'Yran ; que
votre Mari ne fache pas ce que vous
ferez pour lui; M. d'Imberfon ignore
mes petites intrigues , il croit tout
devoir à fon merite , & il en eft
plus heureux—.

Ce difcours artificieux fit impreffion
fur l'efprit de Placidie. On la prenait

par son faible , en lui proposant les moyens de retablir ma fortune , & de me donner un état. Ajoutez que l'éducation qu'elle avait reçue la garantissait de beaucoup de scrupules , qu'une âme honnête comme la sienne n'aurait pas manqué d'éprouver. Ainsi , la plus vertueuse des femmes , la plus tendre , la plus fidelle , donna dans un projet qui n'alait à rien moins qu'à la mettre dans la position à laquelle son Père l'avait destinée , & que notre mutuelle tendresse lui avait fait éviter.

J'ai toujours ignoré s'il était vrai que D'Imberson ne fût pas instruit des intrigues de son Epouse , & je pense qu'on doit le présumer. Cependant , ce fut lui qui me sollicita vivement de quitter la Hollande , où je ne pouvais rien faire, & de passer en Allemagne. Il me montra une Lettre de cet Officier du Duc de Bav** , par lequel M. de Courdeval avait appris le sort qu'on me préparait ; elle portait : *Que le Duc vivement sollicité par mon Ami , avait resolu de re-*

parer le tort qu'il m'avait fait , & qu'il m'offrait un emploi honorable auprès de fa Perfonne , avec l'affurance de fes bons offices pour me faire rentrer en France , avec l'agrement de la Cour. Placidie & madame D'Imberfon fe joignirent à mon Ami. De mon côté , j'avais tant de confiance dans la tendreffe de mon Épouse , & dans fa vertu , que je cedai. Nous nous difposames à partir pour Munick.

Avant d'aler plus loin , je vais donner une idée de mes difpositions , & de la manière dont je penfais , à l'égard de Placidie.

Chaque jour femblait ajouter à fes attraits ; je la voyais croître comme une fleur precieuse. Sa taille avait accquis plûs de perfection , & fes charmes qui fe dévelopaient étaient devenus encore plus feduisans. Le doux fentiment que l'Amour lui fesait éprouver en ma faveur, donnait à fes yeux un éclat plus vif ; on y demêlait tout-à-la fois une tendre langueur & le feu du plaisir. Ah ! fi Defcharmels avait vu fa Fille auffi belle , auſſi digne de plaire, qu'il ſe fût cru certain de réuſſir dans ſon chimerique projet ! Moi même j'étais ſouvent frappé d'admiration, en contemplant ma chère Placidie. Les grâces differentes que je decouvrais en elle, attiraient tour-à-tour mon hommage ; & je trouvais dans un ſeul objet, les agremens de toutes les Belles. Qu'on me pardonne ce tranſport, qui, peut-être, paraîtra peu naturel ou ridicule dans un mari : mais tous les hommes n'ont pas une épouſe auſſi parfaite que la mienne.

Entraîné par ma complaiſance, & flaté de l'eſpoir de retourner dans ma Patrie, je pris la route d'Allemagne. D'Imberſon, qui craignait que la paix ne ſe conclût, & de reſter ſans Emploi, ou de n'avoir d'autre reſſource que d'en aler chercher au bout du monde, dans les Colonies de la Republique, permit à ſa femme de nous accompagner, en nous recommandant à tous de menager ſon racommodement avec le Miniſtre. Madame D'Imberſon le quitta les larmes aux yeux, & lui dit, qu'elle ne consentait à se separer de lui pour un temps fort court, que dans la vue de faire servir cette separation à sa reconciliation avec sa famille.

Nous partimes. Arrivés à Bruxelles, notre Compagne de route nous obligea d'y sejourner quelque temps. Le Prince Eug** y était pour-lors; & si je n'avais pas été aveuglé, j'aurais vu tout ce qui en était. Nous ne quittames cette ville, que lorsque le Prince fut se mettre à la tête des Troupes. Madame D'Imberson avait reçu des présens magnifiques, & elle dit en confidence à Placidie, que dans quelques mois, elle devait revenir *incognito* dans la même ville.

En entrant dans Munick, nous apprimes que le Duc de B*** venait d'en sortir. Cette nouvelle m'ôta quelques inquiétudes, dont je n'avais pu me defendre. Fatale sécurité! qui ne semble naître que pour préceder les évènemens les plus funestes!... La mienne dura deux ans; pendant lesquels Pacidie mit le comble à ma felicité, en me fesant goûter la douceur d'être Père : elle me donna un Fils, ... ou plutôt..... Mais deguisons ma honte, si je ne puis la cacher entièrement.

Le même jour, le bruit se repandit à Munick, que l'Électeur venait de s'y rendre *incognito*. Un mouvement de jalousie dont je ne fus pas le maître, me fit fremir à cette nouvelle, comme si j'eusse penetré le motif secret de sa venue. Cependant je me rassurai, en me flatant que ce Prince avait oublié Placidie, & qu'une intrigue avec quelqu'autre Beauté l'occupait. Mais je devais savoir que les grandes passions ne sont qu'endormies au fond du cœur des hommes, & que leur reveil est terrible, sur-tout dans l'âme des Grands. Malgré les motifs qui m'avaient attiré à Munick, j'eus la pensée de fuir ; & je l'aurais suivie, si Placidie avait pu m'accompagner. J'ignorais neanmoins que le danger fût si pressant. Eh pouvais je imaginer qu'il n'était plus temps de l'éviter !

Mon erreur ne devait pas durer long-

II Partie.   E

temps. Le Duc se lassa de son personnage secret, & voulut essayer d'une conduite ouverte. Madame D'Imberson venait d'arriver de Vienne-d'Autriche, où elle alait de-temps-en-temps ; elle fit naître à Placidie le desir d'aler au spectacle : des Comediens français très-goûtés, attiraient alors une nombreuse assemblée. Nous étions à-peine placés, que le Duc parut aux Balcons du Théâtre. Je m'aperçus qu'il regardait Placidie, mais comme une Inconnue, dont la beauté cause une agreable surprise. Mes inquiétudes se renouvelèrent, & j'en fesais part à mon Épouse, lorsque le Duc entra dans notre loge. Je ne saurais exprimer quelle fut ma surprise, de voir le Souverain descendre jusqu'à nous. Il interompit mes reflexions : —Je ne m'atendais guère, dit-il à ma Femme, à vous trouver dans mes États ; & je me felicite, madame, que ma Capitale soit embellie par une aussi charmante Personne… Sans l'heureux hasard qui nous rassemble (continua-t-il en m'adressant la parole) je vous reprocherais, monsieur, d'avoir privé la France de son plus bel ornement. Mais je vous rends-grâce, au-contraire, d'une chose que je n'ôsais esperer, & ne cherche point à penetrer le motif qui vous a fait quitter votre patrie——. Ces derniers mots augmentèrent mon trouble je ne pus que balbutier quelques phrases sans suite, que le Prince n'entendit point; toute son attention était pour Placidie. Cette aimable Personne reçut ses complimens avec un air modeste qui relevait encore sa beauté. Le galant Électeur, après avoir dit les choses les plus obligeantes à mon Épouse & à madame D'Imberson, qui lui souriait d'un air d'intelligence, se retira, en nous assurant qu'il serait au comble de ses vœux, s'il trouvait l'occasion de nous être utile.

Ce que je venais de voir me laissa dans une situation difficile à peindre. Madame D'Imberson était d'un enjoûment & d'une étourderie, qui, loin de me distraire, augmentaient les reflexions desagreables qui venaient m'assaillir: Elle ne tariffait pas fur les louanges du Prince, & fes expreffions, lorfque je feignais de ne pas l'entendre, étaient fi peu mesurées, que j'en fus revolté. J'étais furpris, depuis quelque temps furtout, de ne pas avoir de nouvelles de M. D'Imberfon, & de ce que fon Épouse paraiffait l'avoir oublié. J'en avais quelquefois parlé à Placidie ; qui m'avait repondu, que fon Amie n'y fongeait plus en apparence, que pour f'en occuper davantage, & plus utilement pour lui. Je me rappelai toutes ces choses, & je commençai à l'obferver. On verra bientôt comment je fus inftruit, & qu'elle fut l'horrible cataftrophe qui arrêta le cours d'une intrigue, dont la decouverte me mit au defefpoir.

L'arrivée du Duc de B*** m'aurait obligé de quitter de Munick, auffitôt après le retabliffement de Placidie, fi le bruit ne f'était repandu qu'il ne devait y fejourner que très-peu de temps. Ma fecurité f'accrut, & fe fondait encore fur le filence que garda ce dangereux Amant, dont je n'entendis plus parler durant près

de quinze jours. Mais comme il m'avait
paru neceſſaire de prendre quelques précautions, madame D'Yran ne ſortit plus.

Cependant au moment où je m'y attendais le moins, je fus nommé à l'une
des premières charges de la Cour du
Prince; Placidie vint m'en apprendre la
nouvelle avec des tranſports, que mon
étonnement & mon air glacé ralentirent
un peu: en effet, je ne concevais guères
d'où me venait ma faveur, & ſur-tout,
comment Placidie paraiſſait iniciée dans
les intrigues d'une Cour étrangère. Je lui
fis des queſtions preſſantes: elle ſe defen-
dait en riant d'y répondre. Neanmoins,
comme j'inſiſtais, je la vis regarder autour d'elle, ſ'approcher tout-près de
moi, & me dire fort bas en m'embraſ-
ſant: —Que voulez-vous ſavoir? ſoyez
heureux, mon cher D'Yran, & je n'ai
plus de vœux à former, ni pour ma félicité, ni pour ma gloire—. J'alais la
prier de ſ'expliquer davantage, lorſque madame D'Imberſon parut. Placidie lui dit en riant: —Il me tourmente;

E 3

il veut tout favoir——. L'Amie de mon
Épouse rougit prodigieusement ; puis se
remettant aussitôt, elle se prit à folâtrer, &
fit enforte d'attirer Placidie dans un cabinet, où elles s'enfermèrent toutes-deux.
Mais, quoique madame D'Imberson fei-
gnît de temps-en temps de me parler,
pour me dire en badinant que j'étais bien
attrapé, que je n'entrerais pas, & mille
autres folies, je compris qu'elle avait
un entretien plus ferieux avec mon Épouse ; & le nom du Duc de B*** frappa
mon oreille une ou deux fois.

L'on m'ouvrit enfin ; & je crus m'a-
percevoir que mon Épouse avait pleuré.
L'on imagine combien tout cela devait
m'inquiéter. Chaque instant, chaque demarche contribuait à faire tomber le
voile qui me couvrait les yeux. Un jour
que je rentrais précipitamment chés-moi,
j'entendis du bruit dans la chambre de
ma Femme ; je me hâtai d'en connaître
la cause ; j'ouvre la porte, & je vois....
le Duc de B*** aux genoux de Placi-
cidie, qui s'efforçait envain de lui

échapper ; tandis que madame D'Imberson , dans l'embrasure d'une croisée , fei-
gnait de s'occuper à-part. Ma subite
apparution étonna le Prince ; & mon
Épouse me parut aussi troublée que si
elle avait été coupable. —Ah ! que
vous alez être surpris (s'écria madame
D'Imberson, en venant à moi !) savez-
vous ce que le Prince propose à madame
D'Yran ! Rien que d'être Souveraine . . . .
Que ce mot ne vous effraye pas , mon
cher : l'on vous instruira , & vous verrez
qu'il n'y a rien que de fort simple dans
cet arrangement. . . . Venez (continua-
t-elle) je vais vous mettre au-fait—.

Je n'étais pas d'humeur à la suivre , &
à laisser Placidie avec un Galant. Je res-
tai. Ce moment fut un des plus cruels
de ma vie. Mon Épouse s'était-elle lais-
sé seduire , & les vues de Deschamels
venaient-elles enfin d'être remplies contre toute apparence ? (j'en fremis de
rage & de jalousie) : ou bien Placidie
avait elle été trahie , trompée par l'a-
droite D'Imberson ? . . . Emporté par la

rapidité de mille penſées deseſperantes ,
j'alais ſortir des bornes du reſpect , qu'on
doit toujours aux Souverains , & traiter
le Duc comme un ſuborneur. Je n'en
eus pas le temps. Le Prince ſe retira ,
après avoir baiſé la main de Placidie ,
qui en parut toute confuse.

Dès que l'Électeur fut ſorti , je resolus
de penetrer le myſtère de ſa visite , & de
faire expliquer à madame d'Imberſon le
diſcours qu'elle venait de me tenir. Je
fermai les portes. Mon air , le trouble
qu'on remarquait dans mes yeux , effraya
deux femmes timides. Mon Épouse était
tremblante ; la d'Imberſon même perdit
de ſon aſſurance. J'alai auprès de Placidie ; mon ton avec elle ne pouvait être
que tendre ; dès le premier mot que je
lui dis , la Perfide qui nous trahiſſait reprit toute ſon audace : de - ſorte que ,
lorſque je voulus la faire expliquer ,
elle ne me repondit que par ces airs
de hauteur , ſi naturels aux femmes de la
Capitale , lorſqu'elles ſe ſentent coupa-
bles. Je n'en pus tirer : que des , *il ne me*

plaît pas de vous le dire : croyez , mon-
fieur , tout ce qu'il vous plaira : j'ai fait
pis encore , & votre femme aime éperdû-
ment le Prince : vous avez bien raison
d'être jaloux ! c'eft une fi belle chose !
fi flateuse pour votre Femme ! fi digne
d'un homme delicat ! & mille autres im-
pertinences.

Quoique ma patience fut à-bout , je
ne voulais pas effrayer Placidie , & je
pris le parti de la ruse. Je laiffai mon
Époufe feule avec madame D'Imberfon ;
je me gliffai dans un cabinet voisin , le
plus adroitement poffible. Ce fut-là que
j'entendis une converfation qui ne me
fortira jamais de la mémoire.

Madame D'Imberfon. Enverité , je ne
vous conçois pas ! & fi j'avais eu vos fcru-
pules , monfieur D'Imberfon ne ferait aujourd'hui qu'un miserable fugitif , ou
tout au plus un Officier reformé : je l'ai
fait Gouverneur de . . . .; c'eft un des
meilleurs de la Flandre. Et que lui en a-t-
il coûté ? la complaisance de fe priver de
moi , lorfque fa paffion a été emouffée.

Il eſt vrai que monſieur D'Yran eſt plus tenace. *Placidie.* Il m'aime , & je ſerais la plus malheureuſe des femmes ſ'il ne m'aimait plus. D'*Imberſon.* Aimez - le donc veritablement vous-même : les agremens paſſent; la paſſion ſ'éteint ; & l'ambition demeure : elle ſeule eſt une paſſion durable que l'âge fortifie : c'eſt elle-ſeule qui doit règler nos demarches ; lorſqu'elle eſt ſatiſfaite , l'on a jamais de remords. *Placidie.* Je ne me ſuis peut-être que trop abandonnée à vos conſeils : mais enfin le ſort en eſt jeté ; il faut les ſuivre encore. Cependant quels que ſoient les avantages qu'ils nous procurent , quant à la fortune , ſi mon Mari n'eſt pas heureux , je vous en avertis, vous avez perdu toutes vos peines. D'*Imberſon.* Charmante petite - femme ! comme elle eſt tendre ! Va, ma reine , tout ira bien , ſi tu ne ne me laiſſes pas diſpoſer à demi... Si tu ſavais tout ! par quels liens le Prince t'eſt attaché ! ... Mais ton cœur ne me paraît pas encore aſſez affermi , pour des cho-

ses auſſi fortes. Garde ſeulement nos ſecrets ; ou . . . *Placidie*. Je l'ai promis
malgré moi ; mais je l'ai promis——.

Je n'entendis plus rien : la D'Imberſon ſe mit à cajoler Placidie ; à lui dire
cent douceurs, à lui donner mille louange flateuſes. J'attendis patiemment qu'elles ſe ſeparaſſent, & que la trompeuſe
Amie de ma Femme ſe retirât dans ſon
appartement (car elle habitait le même
Hôtel que nous, qui, par une galerie,
communiquait dans le Palais du Prince).

Dès que Placidie fut libre, j'alai la join-
dre. Je me gardai bien de lui dire ce
que j'avais entendu : je me contentai de
la ſonder, avec le plus de menagement
poſſible : elle ne me put rien cacher.
J'appris de ma Femme (qui me le dit en
ſe cachant le viſage dans mon ſein) que
le Duc croyait avoir obtenu d'elle la
dernière faveur.——A-la-verité (pourſui-
vit-elle) il eſt perſuadé que je l'ignore,
& que je crois à-mon-tour n'avoir favo-
riſé que mon Mari. Voila ce myſtère redoutable que mon Amie me recomman-

de de cacher également au Prince & à vous-même. Il faut encore vous apprendre, que lorsque vous le croyiez éloigné, il était secrètement dans sa Capitale, & qu'il me voyait dans l'appartement de madame D'Imberson. Voila quelle est la source de ses faveurs; il les a repandues avec profusion sur mon Amie & sur nous, quoique je n'aye jamais poussé la fausseté jusqu'à lui dire que j'eusse le moindre goût pour lui : je lui temoignais du respect, de l'estime, de… l'amitié ; rien de plus——. Que l'on juge de ce que je pensais durant cette confidence ! Je ne deguisai pas à Placidie la bassesse du rôle qu'on lui fesait jouer : je l'éclairai sur la perfidie de la D'Imberson ; enfin, je lui avouai que j'avais entendu leur dernier entretien.

—Puisque vous savez tout, me dit Placidie en pleurant, vous pouvez éclaircir un doute qui me tourmente : Tel jour, au soir, vous souvenez-vous d'être entré dans ma chambre, sans lumière—? Je l'assurai que je me ressouvenais de cette circonſtance. —Que vous me tranquilisez (reprit Placidie)! Il m'avait ſemblé depuis... mais je vois bien que c'était d'inju ſtes ſoupçons—.

Ce que je venais d'apprendre, cette obſcurité qui nous envelopait, & que je ſentais confuſément ſans en pouvoir ſortir, rendait ma ſituation ſi penible, que je ne negligeai rien pour la changer. L'inſtant fatal en eſt enfin arrivé.

J'étais ſorti pour aler faire des informations ſecrètes, relatives à ce que m'avait dit mon Epouse, du ſejour du Prince à Munick, tandis qu'on l'en croyait abſent. J'en avais aſſés decouvert, pour n'avoir pas lieu de douter qu'il n'eût une intrigue ſecrète. Je rentrais, lorſque j'appris que le Prince était revenu chés moi. Cette nouvelle, loin de me retenir, ne me donna que plus d'empreſſement à me rendre auprès de Placidie. —Que prétendez-vous, Monſeigneur, dis je au Prince, en cherchant à m'enlever un bien qui m'eſt plus cher que la vie?

J'adore mon Épouse, & j'en suis aimé : m'auriez - vous assés meprisé pour croire..... —Je rends justice à vos sentimens (interrompit le Duc), & j'admire ceux de votre Épouse, dont la vertu moblige à l'estimer autant que je l'aime——.

Il sortit à ces mots ; & son depart me rappelant à moi-même, je m'aperçus que Placidie était tombée sans connaissance. Je volai à son secours ; les sels qu'on parvint à lui faire respirer la rappelèrent à la vie. Elle me dit alors que le Prince, instruit que je venais de sortir, avait profité de mon absence pour venir lui-même la presser de permettre, qu'il lui fît rendre les honneurs dus à la Souveraine de son cœur..... —Mon cher Époux (continua-t - elle en se derobant à mes caresses) c'en est fait.... Ah ! si, non content de ce qu'il a ôsé, il alait... Une trompeuse Amie a favorisé son attentat.... Il en medite d'autres encore.... Il est Souverain, & nous

ſommes dans ſes États. . . . Il peut
m'arracher à mon Époux ; il peut
tout ce qu'une aveugle fureur a cou-
tumer d'inſpirer à un Amant jaloux...
Je ne ſais qu'un moyen. Laiſſez-moi
ſeule quelques inſtans : je veux lui
écrire ; exprimer des ſentimens que
je n'ai pu lui montrer dans nos entretiens. Permettez que madame D'Imberſon vienne auprès de moi ; elle
n'eſt plus dangereuſe , puiſqu'elle eſt
demaſquée. . . . Laiſſez-nous libres——.

J'etais forcé de lui donner la ſatiſfaction qu'elle demandait. Que je fus
fâché d'avoir avoué la ſurpriſe que
j'avais faite dans le cabinet : j'aurais
tout vu ; j'aurais, . . . Je ſortis. Ma
rêverie me conduiſit au couvent où les
Ducs de B*** ont leur ſepulture. On
travaillait aux caveaux : je jetai un
coup-dœil ſur cette dernière demeure
des Grands ; entraîné par les idées
ſombres qu'elle me feſait naître , &
par ma melancolie , je voulus la viſi-
ter. Je fus étonné qu'on eût rendu ſi

commode , un logement dont les cendres inanimées qui l'occupaient ne pouvaient user. Je m'arrachai comme à regret de ces tombeaux ; & fesant reflexion que Placidie avait eu le temps d'écrire, je pris la route de mon hôtel. En m'en retournant , je trouvai beaucoup d'embarras dans les rues : je mis la tête à la portière, & je vis le carosse du Prince. Je defcendis pour lui rendre mes refpects. Il m'aperçut, & fit arrêter , pour me dire qu'il alait à une maison-de-plaisance qui porte le nom de *Munick* , & qu'il me difpenfait d'y venir. Je n'en fus pas fâché , quoique cette difpenfe eût l'air d'une difgrâce ; parce que le Duc venant de fe brouiller avec la France , fa faveur ceffait de me flater. Je me hâtai d'aler faire part de cette nouvelle à Placidie.

Mais qu'on juge de la douleur dont je fus faisis en la trouvant mourante ; prefque fans mouvement , enfin dans un état qui m'annonçait qu'elle n'avait plus qu'un inftant à vivre ! Renverfée

dans

dans un fauteuil , les cheveux en desordre , & le teint d'une pâ'eur affreuse , elle ne respirait qu'à-peine. Ses yeux , qui semblaient prêts à se fermer pour toujours , s'ouvrirent aux sanglots que je poussai : ——Mon chèr mari , me dit-elle d'une voix tombante , ne pleurez point ma mort ; j'abrége mes jours, afin de vous delivrer d'une Infortunée , dont les charmes funestes vous ont causé les plus cruelles disgrâces. Le Duc de B*** ne cesse depuis deux ans de me presser de repondre à son amour. Madame D'Imberson , que je croyais une fidelle amie , non contente de me donner ses pernicieux conseils , procurait au Prince l'occasion .... faut il le dire ! ... d'abuser de la credulité de votre Épouse. Je ne suis coupable que de vous avoir fait mystère de mes demarches : Je voulais assurer votre fortune ; je craignais les emportemens d'un amour plus outragé que je ne le croyais moi-même. O mon cher mari ! .... on me trompait.....

on nous trompait tous deux ... l'infâ-
me D'Imberſon occupait ma place auprès de vous , lorſqu'on nous rete-
nait ſi frequemment au Palais (1) pour
y paſſer la nuit ; & moi j'étais........
(elle ſe couvrit le visage de ſes mains)
j'étais dans les bras l'indigne Amant
qui abusait de ſa puiſſance——. Je fis
un mouvement de fureur à ces mots.
——Calmez-vous (reprit mon Èpouse)
épargnez-moi la vue de votre desefpoir... Je viens de tout apprendre :
on employait ce moyen , pour m'engager à renoncer à toute pudeur , en
me livrant , ſans reserve à celui...
qui avait deja tout obtenu malgré moi.
Saisie d'horreur ; j'ai conſideré, que ſans
moi vous ſeriez heureux ; que j'avais
ceſſé d'être digne de vous ; que je ne

____

(1) Ce Palais eſt un des plus beaux de l'Eu-
rope : il contient onze cours , quarante vaſtes
appartemens ; il a deux-mille-ſix-cents croisées,
& dixneuf galeries qui traverſent les rues par des
arcades , au moyen deſquels on peut aler ſecrè-
tement dans les principales Églises , & dans des
hôtels particuliers.

pouvais plus faire votre bonheur : je n'avais plus qu'à mourir ;... & je vous ai fait le sacrifice de ma vie... Un poison , aussi doux qu'il est infaillible , commence à glacer tous mes sens... Deja.. je succombe.. insensiblement au sommeil ,... qui va me conduire à celui de la mort.... Adieu , mon cher Époux.... aimez mon Fils——.... Les forces lui manquèrent , & je n'eus plus entre mes bras que le corps inanimé de mon adorable Placidie.

Mes cris attirèrent autour de moi toute ma maison. L'on s'empressa de lui porter les plus prompts secours : mais avant qu'on pût en savoir l'effet, je fus arraché d'auprès de mon Épouse avec une sorte de violence, & l'on m'enferma dans ma chambre , où je tombai dans une sorte d'aneantissement : je regardais sans rien discerner; à tout ce que me disait mon Valet-de-chambre, qui me tint fidelle compagnie , je ne repondais que par un profond soupir.

Je demeurai près d'un jour dans un égarement qui ne me permettait pas de fentir ma douleur. Je revins enfin à moi même, & le premier fentiment que j'éprouvai, ce fut celui d'un Malheureux, qui peut defier le fort d'augmenter fes peines & fon desefpoir : état affreux, où l'homme ne voit rien audeffous de lui, rien qu'il puiffe fe comparer ; où il ne lui refte plus rien qui puiffe lui faire fupporter le poids de fon exiftance. Je m'étais vu époux & père : je ne le fuis plus !.. ces biens, dont jouiffent les plus miserables, ils me font enlevés !.. Un bruit que j'entendis me fit prêter l'oreille ; je compris qu'on enlevait le corps de Placidie. Quel mouvement f'éleva dans mon âme ! C'était un mélange d'une horrible joie, & de la douleur la plus dechirante. —Elle n'eft plus ! (m'écriai-je) if la perd ; il ne la verra plus—! Mais bientôt ce mouvement fit place à un autre. —Eh ! tu la perds auffi malheureux ! la moitié de ton

âme vient de t'être enlevée——. Et je re-
tombai dans mon aneantiſſement.

Tout-à-coup une idée me vient :
elle me frappe ; je m'y arrête ; je la
nourris avec complaisance : ——Pour-
rais-tu ſupporter la vie (m'écriai-je !)
& te resoudre à languir encore ! . . . .
Suivons-la . . . . que ſon tombeau . . . .
O mon Épouse , tu ſais combien tu
me fus chère ; il ne me reſte plus
qu'une preuve à te donner de ma tendreſſe , & tu la vas avoir——.

Frappé de l'idée que je ne devais
point ſurvivre à celle qui ſ'était ſacri-
fiée à ma gloire involontairement
offenſée , je formai un deſſein que je
me hâtai d'executer. Je demandai
madame D'Imberſon : Elle accourut ,
avec une aſſurance qui m'aurait indi-
gné , ſi j'avais été capable d'y faire
attention. Je lui dis que je ne pouvais
plus ſupporter le ſejour de Munick,
& que je voulais en partir ſur-le-
champ. Elle applaudit à mon projet ,
& l'on fit tout diſposer pour mon de-

part. Cependant, je me jetai dans une chaise, suivi d'un seul Valet-de-chambre : conduit par ce Domestique fidèle, j'arrivai au milieu de la nuit à la maison des Theatins, où sont les Tombeaux des Ducs de B***, & où l'on avait déposé Placidie : je m'en fis ouvrir les portes ; & comme je connaissais la disposition de l'édifice, je fis retirer ceux qui m'avaient introduit ; ensuite j'ordonnai à mon Valet-de-chambre de monter dans la chaise, de prendre mon nom, & d'aler porter à Carlière une Lettre fort courte, que voici :

PLACIDIE n'est plus, mon cher Père : ce mot vous annonce mon sort : pleurez vos Enfans, & ne les oubliez jamais.

Chevalier D'YRAN.

Je lui deguisai les motifs de ma demarche, & l'obligeai de partir, en lui recommandant de faire en-sorte que l'on crût que nous resortions ensenble. J'ouvris aussitôt la porte du souterrein, dont je m'étais procuré la cléf, & je me precipitai dans ce goufre tenebreux.

Comment retracer tout ce que j'éprouvai d'horreur, dans le fejour de la mort! J'avançais à-tâtons; je cherchais en friffonnant le corps de mon Èpouse, lorfque je fentis fous ma main quelque chose, qu'à l'habit je reconnus pour une Femme: je crus qu'on avait laiffé Placidie telle qu'elle était en expirant; je veux l'embraffer: on fe derobe: mes cheveux fe heriffent. Mais que craint-on, lorfqu'on cherche à mourir? J'attendis le jour. Au retour de la lumière, je me vis dans un appartement commode & magnifiquement decoré. J'aperçois alors une alcove fermée par un grillage doré, derrière lequel était un rideau de fatin cramoisi, garni d'une dentelle d'or; j'effaie d'en ouvrir la porte avec ma cléf d'entrée; j'y réuffis, & je decouvre, couchée dans un lit fuperbe, proprement coîfée de nuit, vétue d'un deshabillé riche & galant, mon Èpouse, qui ne paraiffait

qu'endormie. J'approchai de ces restes
précieux; je les couvris de baisers..Mais,
ô ciel! je crois entendre soupirer; un
mouvement succède! Saisi d'horreur,
je recule malgré moi... Bientôt pourtant je reviens à ma chère Placidie: l'œil
fixé sur cette idole de mon cœur, je
l'observais en silence, lorsque j'entendis ouvrir une porte. La crainte d'être
decouvert, & que l'on ne s'opposât
à mon dessein, fit que je me cachai.
Mais que l'on juge de ma surprise!
je vis entrer madame D'Imberson,
avec le Duc lui-même! ... Ils con-
templèrent quelque temps Placidie,
firent mettre aux piéds de son lit une
cassolète de parfums, d'une odeur
très penetrante, & se retirèrent avec
précipitation.

Dès qu'il furent sortis, je revins
auprès de mon Épouse. Il semblait que
l'odeur delicieuse des parfums adou-
cît l'amertume de ma douleur : une
douce melancolie lui succeda : mes
yeux se fermèrent : —Je vais mourir,
me

me dis-je à moi-même, d'une mort
paisible–. Et je me mis à-côté de Placidie. Au même inſtant, une musique
raviſſante ſe fit enrendre : il ſemblait
qu'elle approchât inſenſiblement. Ma
langueur ſe diſſipe ; le ſommeil fuit ;
ma Compagne pouſſe un ſoupir, porte
une main ſur mon visage, & tout-à-
coup ſe met à ſon ſeant. Dans ces circonſtances, quelles que ſoient notre resolution & nos lumières, un effroi ma-
chinal ſ'empare de nous; agité par mille
mouvemens contraires, je repouſſai
l'Objet de ma tendreſſe & de ma frayeur.

–O Ciel! où ſuis-je (ſ'écria Placidie).
—Dieu tout-puiſſant (dis je à-mon-
tour) nos âmes ſeraient-elles réunies !
—Cher époux (reprit-elle), il n'en
faut pas douter, elles le ſont pour jamais, & la perfidie ne nous ſeparera
plus—. Ce diſcours acheva de me
perſuader que ce n'était pas une illu-
sion, & que Placidie était vivante. Je
me jetai dans ſes bras, qu'elle ouvrait
pour me recevoir ; & je lui dis, en la
couvrant de baisers, la resolution que

j'avais prise de mourir avec elle. —Ah
se peut-il (s'écria cette tendre Èpouse),
qu'il soit toujours vrai que votre vie
depende de la mienne! ... Mon cher
Mari! c'est Dieu qui me l'a conservée;
c'est lui qui dans cet instant chasse le
desespoir de mon cœur; qui me donne
l'assurance d'être encor heureuse, avec
la resolution de vivre pour vous, &
de reparer par un devoûment sans
bornes des fautes... involontaires.....
Quoi! je vous aurais causé la mort!
moi, qui m'immolais à votre repos! —Oublie, chère épouse (inte-
rompis-je) oublie nos infortunes : tu
reprens une nouvelle vie ; tout ce qui
regarde l'ancienne doit être aneanti,
hors notre amour—.

Depuis le commencement de notre
entretien, la musique avait cessé, comme en s'éloignant. Un petit bruit se fit
entendre : Placidie me cacha, &
feignit elle-même d'être encore dans
l'état dont elle venait de sortir. Je
vis alors entrer madame D'Imberson,
accompagnée d'un Officier du Duc. Ils

f'approchèrent avec précaution; l'Officier mit à côté de Placidie des cor-
diaux & quelques rafraîchiſſemens
propres à ſon état. —Son ſommeil eſt
bien long (dit madame D'Imberſon !)
la dose du ſoporatif que j'ai ſubſtituée
au poison qu'elle a cru prendre , était
forte , mais les gommes que l'on a
mises dans cette caſſolette devraient
en avoir affaibli l'effet. Attendons encore. (Puis ſ'avançant près de nous) :
—Son teint ſ'anime : le reveil approche :
que tout ſoit prêt dans un moment.

Elle ſortit avec l'Officier. A l'inſtant
le plancher qu'on avait ſubſtitué à la
voûte les jours précédens, ſ'entrouvre,
& laiſſe voir un plafond ſuperbe ,
admirablement peint , & magnifiquement éclairé. La cloison qui était en
face de Placidie tombe , & l'on dé-
couvre un lointain raviſſant , où ſe
promenaient de jeunes enfans, habillés
d'une gaze claire , qui laiſſait voir la
beauté de leur carnation. En-même
temps une Voix faible, & qui paraiſſait

venir d'une cariatide qui foutenait un angle du plafond, foupira : *Placidie ! Placidie ! éveillez-vous ! Belle Placidie, revoyez la lumière du jour, dont vos charmes effacent l'éclat. L'Amant qui vous adore, & qui ne pouvait vivre fans vous, a mis en usage tout ce que lui fourniffait la fouveraine puiffance, pour vous rendre à la vie : une Amie tendre & fidelle a trahi votre desefpoir : Belle Placidie, pour prix de leur zèle, ils ne vous demandent qu'un peu d'amour. Oubliez le Mari, qui vous a oubliée : il s'éloigne de vous ; il aurait dû mourir fur votre tombeau.*

Placidie ouvrit les yeux à ces dernières paroles, & fourit. Auffitôt nous aperçumes le Prince & la D'Imberfon, qui venaient precipitament vers le lit. Le premier voulut prendre la main de Placidie, qui la retira. Comme elle paraiffait encore affoupie, madame D'Imberfon dit au Prince : —Convenez, monfeigneur, que tout nous a bien réuffi ! ce calmant eft une chose

merveilleuse!.. Je le tenais tout prêt
& je cherchais les moyens de le faire
prendre, lorsque j'ai su par la Femme-
de chambre qui me sert si bien depuis
deux ans, la folle resolution de cette
belle Capricieuse... Et ce bon Mari,
qui s'en est alé de lui-même, à l'instant où l'on alait lui faire faire une
retraite forcée!... Mais regardez
donc cette adorable Dormeuse! elle
n'a rien perdu de ses charmes! ou plutôt, ils sont plus touchans que jamais...
A la place de Votre Altesse,...je
prendrais un baiser sur cette bouche-
là, qui ne saurait faire la mutine——.
Le Duc alait suivre ce conseil, & deja Placidie cherchait à l'éviter : Je me
decouvre aussitôt, & repoussant le
Duc : ——Temeraire (m'écriai-je d'u-
ne voix terrible) arrêtez——!... Puis
tout-à-coup songeant que je parlais à
un Prince, j'ajoutai : ——Vous êtes
Souverain, mais je suis homme : ce
dernier titre me donne des droits
qui nous sont communs; & c'est

G 3

en qualité d'homme que je vous dis :
C'en eſt trop. Soyez content de l'in-
jure que vous m'avez faite , & dont
tout autre qu'un Souverain m'eût fait
raiſon : rendez-moi une Épouſe avec
laquelle je venais mourir.... J'ai tout
entendu ; Placidie ſait tout : Verifiez,
monſeigneur , le mot célèbre , que le
cœur des Princes ſerait le dernier
aſile de la vertu , ſi elle était bannie
de ſur la terre——. Il eſt impoſſible de
peindre l'étonnement du Prince , &
ſur-tout celui de la D'Imberſon : l'effet
en était ſi vif ſur cette dernière , que ſa
figure en parut toute decompoſée ; elle
était pâle tremblante , & prête à ſ'é-
vanouir.

Durant le ſilence que nous gardions
tous , j'entendis les Gardes du Prince,
qui repouſſaient un homme, dont je reconnus la voix , pour celle de mon
Valet-de-chambre. Il diſait qu'il venait au ſecours ſon Maître , qui
ſ'était enfermé dans le tombeau de
ſon Épouſe, & qui ſans-doute voulait

y mourir , puifqu'il l'avait éloigné ,
lui qui était le feul temoin de fa demarche. Le Duc ordonna qu'on le laiffât
entrer. —M.^r D'Yran (me dit-il) ,
tout ce que je vois me confond :
vivez , & que ce que vous avez appris
ne vous rende pas moins heureux :
je n'ai pu rien obtenir , qu'en paffant
pour vous.— Puis f'adreffant à mon
Valet-de-chambre. —Alez chercher
le caroffe de vos Maîtres, & les reme-
nez chés eux— (lui dit-il). Tandis
que cet ordre f'executait , on habilla
Placidie. Le Prince nous dit en nous
quittant : —Je vous renvoye en
France : il le faut pour notre tranquilité à tous—. Il fortit auffitôt, avec madame D'Imberfon , qui n'avait ôfé
nous dire un feul mot.

Je crois neceffaire d'affurer ici , que
je n'ajoute rien à mes avantures : les
évènemens que je viens de rapporter
ne font que trop reels ; ils ont laiffé
dans mon âme des traces profondes ,
inefaçables. J'ai deja dit que je ne com-

posais point un Roman , mais l'hiſtoire de ma vie. Si ce qu'il me reſte à
raconter ne paraît guère moins ſurpre-
nant, qu'on n'en accuse que la deſti-
née de ma famille, plutôt que ma ſin-
cerité : il ſemble que lorſque nos diſpositions ont fait prendre aux choses
une certaine direction, tous nos efforts
ne peuvent la changer entièrement.
Eh! combien de genſ, à quî tous les
jours il arrive de ces cataſtrophes ſingulières, que l'on regarderait comme
invraiſemblables, ſ'ils les écrivaient !

Mon Valet-de-chambre rentra quelques inſtans après que le Prince fut
ſorti , pour nous avertir que notre voiture nous attendait. Nous nous rendimes à notre hôtel ; & dès que nous fumes libres , je précipitai notre depart.
Je ſavais qu'à-la-verité les Princes font
le bien par inclination ; mais qu'ils ſont
environnés de tant de genſ intereſſés
à leur conſeiller le mal , que c'eſt un
prodige lorſqu'ils n'en font pas. Nous
alames coucher à Ingolſtadt , où le

Prince nous envoya des présens con-
siderables, que nous ne fumes pas maîtres de refuser.

Ce fut de-là que j'écrivis à Carlière,
par mon fidèle Valet-de-chambre (qui
m'avait rendu le Billet dicté par mon
desespoir que j'ai rapporté plus haut).
Je priais le respectable Ami du Père de
mon Épouse, de voir M. De ***, mon
premier protecteur (& qui m'était
quelque chose de plûs , comme je l'ai
fait entendre en commençant). Mon
genereux & sincère Ami quitta sa solitude , & courut à la Capitale ; où,
après les rebuffades que reçoit d'ordinaire la mediocrité ; avant de penetrer
chés les Grands, il eut enfin audien-
ce. M. De * * * lut une Lettre, que
j'avais eu soin de rendre claire , mais
aussi courte qu'il le falait pour ne pas
l'ennuyer, & le mettre au-fait de tout
ce qui m'était arrivé, d'une manière
qui me fût avantageuse. Carlière y
ajouta ce que l'amitié put lui suggerer
de plus pressant , & sut interesser au-

tant par ſa naïve bonhommie, que par la candeur qu'il mit dans l'expoſition des faits. M. De *** fut ſenſiblement touché : dès le premier voyage qu'il fit à Verſailles, il vit M. le Duc de Bourgogne & M. de-Chamillard ; il me remit bien dans l'eſprit du Prince, & ſe fit donner par le Miniſtre une permiſſion ſe-crète de me laiſſer repaſſer en France en toute ſureté.

Ces heureuſes nouvelles, nous parvinrent à Liége, où j'avais prié Carlière de m'adreſſer ſa reponſe , & où nous reſtames trois mois. Je ne dois pas oublier de dire , que Placidie avait enmené ſon Fils , malgré l'oppoſition du Duc , qui avait enfin conſenti à le lui laiſſer , en l'obligeant d'être la depoſitaire d'un revenu de vingt mille écus pour cet enfant, qui n'en pourrait exiger que douze pendant la vie de ſa Mère. Les fonds en furent aſſignés ſur des terres que l'on fit acheter en France. Je m'attachai moi-même au Fils de Placidie ; & ce qui rendit mon ſort beaucoup plus ſupportable, c'est qu'à la fin de notre séjour à Liége, mon Épouse s'aperçut qu'elle portait des marques de notre mutuelle tendresse. Cet heureux évènement acheva de nous faire oublier nos malheurs.

Quelques jours après avoir reçu la Reponse favorable de Carlière, nous rentrames en France, & nous vinmes tout d'une traite à Valenciennes; d'où j'écrivis à cet Ami une nouvelle Lettre, afin d'avoir son avis sur le séjour que je devais choisir pour être moins remarqué. Il se determina pour Paris, qu'il me conseilla de préferer à son château, où j'aurais été trop connu.

Arrivés à la Capitale, j'alai remercier mon Protecteur, & cultiver les bonnes dispositions où il était pour moi. Il me demanda, si les malheurs que j'avais éprouvés, & la perte de ma compagnie, ne m'avaient pas degoûtés des armes? Je m'aperçus que cette question était faite d'un ton qui demandait une reponse affirmative. Je me contentai de dire, que je le laissais maître de mon sort; & le

priai de m'accorder la permiſſion de lui
prérsenter mon Épouse. Il me remit après
le voyage de Compiègne.

Cependant Placidie avançait heureusement dans ſa groſſeſſe; & lorſqu'au
retour de mon Protecteur, nous alames
enſemble lui faire notre cour, elle avait
une pâleur ſi touchante, & tant de grâces particulières à ſon état, qu'on ne
pouvait la voir ſans émotion. La beauté
de Placidie reveilla dans M. De ***
les ſentimens de la nature; ou plutôt
ce fut un veritable amour, que ſon
âme honnête ſut toujours ſe deguiser à
elle-même, & voiler ſous l'envelope
d'une tendreſſe paternelle. Il nous fit un
accueil qui nous penetra de reconnaiſſance; il ala même juſqu'à nommer Placidie ſa chère Fille. Il voulut nous présenter lui-même à la Princeſſe ſa Fille,
femme de M ·······, & lui temoigna
qu'il ſerait charmé de voir madame D'Y-
ran auprès d'elle. Cette faveur nous fut accordée. Mais je gliſſe legèrement ſur tous
details, qui m'intereſſent autant qu'ils

doivent être indifferens pour les autres.

Placidie mit au monde une Fille : je ne dis rien de sa beauté ; elle ressemblait à sa Mère. Je me proposais de lui donner une éducation brillante, autant que sensée : mais un sort contraire en disposa tout autrement. Nos malheurs n'étaient pas finis ; cette Enfant cherie devait passer par les plus terribles épreuves, & se voir dans un état.... Je m'arrête, & renferme la pensée qui voulait s'échapper.

Carlière m'était venu voir avec sa Femme : ils empêchèrent Placidie d'alaiter notre Fille, sous le prétexte de sa jeunesse (elle n'avait que dix-huit-ans), & firent agreer une Nourrice qu'ils avaient amenée avec eux. C'était une jeune Brune d'environ vingt ans, très-appetissante, & dont le Mari, absent pour trois années au-moins, était à la suite de notre Ambassadeur en Russie. Ils enmenèrent à leur château ma Fille & sa Nourrice : Placidie, dès que ses forces le lui per-

mirent, voulut aler voir fa Fille : elle
paffa plus d'un mois auprès d'elle ; & ce
ne fut que fa tendreffe pour moi, jointe
aux demandes frequentes de la Princef-
fe , qui purent la déterminer à quitter fa
chère petite *Aglaé*. Mon Épouse , à fon
retour, ne pouvait fe laffer de m'entretenir de notre aimable Enfant , qu'elle
avait laiffée dans une fanté floriffante.

Il fe paffa quatre ou cinq mois , pendant lefquels nous recevions toutes les
femaines de favorables nouvelles. Elles
ceffèrent le fixième. Surpris, inquiets ,
nous écrivimes lettres fur lettres à Carlière; qui parut enfin, après la quatrième ;
mais avec un air qui nous annonçait
quelque malheur. —Mon cher D'Yran ,
ma chère Placidie , nous dit-il , vous
alez m'abhorrer ; c'eft moi qui fuis cause . . . . Cette Nourrice . . . . . . elle m'a
trompé. . . . Je la croyais honnête , . . .
elle l'avait toujours été. . . . elle eft dif-
parue depuis quinze jours , & votre Fille
avec elle——. Ces derniers mots furent
un coup-de-foudre pour mon Epouse &

pour moi. Placidie poussa un cri perçant, & tomba dans mes bras. Je tais
le reste de la scène ; elle fut déchirante...
& depuis ce malheur Placidie voua un
deuil éternel.

Notre Fille ne reparut plus. Mais l'année suivante nous eumes un fils :.'. fut-ce
une faveur du Ciel ?.. Il faut le croire ;
au-moins sa naissance me conserva-t-elle
une Epouse adorée, & digne de tout
mon attachement.

. . . .

Durant quinze années, il ne m'arriva
que de ces choses ordinaires pour tous les
hommes ; un peu de bien, un peu de
mal ; & j'aurais été content de mon sort,
si le souvenir d'Aglaé n'avait empoisoné
tous les plaisirs par lesquels je m'effor-
çais de distraire mon Epouse.

Mais le trouble va renaître : Le Chevalier *d'Ingolstadt* (c'est le nom que
portait le Fils aîné de Placidie) ac-
complissait dix-huit ans, & venait d'entrer aux Mousquetaires avec le jeune
d'Yran, qui en avait quatorze. De-

puis la naiſſance de mon Fils, Placidie avait eu la delicateſſe de ne pas vouloir que le Chevalier parût devant moi : il avait un appartement ſeparé, avec des Domeſtiques à lui ; & ce fut la liberté où il vêcut, qui occaſiona ſa perte. L'on avait eu plus d'une occaſion de ſ'apercevoir que le Chevalier avait les paſſions fougueuſes, indomptables. Une Femme-de-chambre de ſa Mère, jolie & plus ambitieuſe encore, avait attiré les premiers regards d'un Jeune-homme précoce, dans quî les facultés devançaient la raiſon. Leur intrigue durait depuis quelques années, ſans que je m'en doutaſſe, & ma ſecurité fut auſſi fatale à mon Fils qu'au Chevalier lui-même. Mignonette, cette Jeune-fille qui l'avait ſeduit, ſenſible elle-même aux charmes de ſon Amant, le recherchait autant qu'elle en était recherchée : de-ſorte qu'étant d'accord, les occaſions de ſe livrer à leur panchant devenaient très-faciles & très-frequentes. Mais enfin la jouiſſance les raſſasia ; & tous-deux naturellement legers, ils cherchèrent d'autres objets pour

goûter

goûter & partager leurs plaisirs : ils revinrent ensuite l'un à l'autre, par un effet
de la corruption de leur cœur ; se quittè-
rent, puis se reprirent encore. Mon Fils
était temoin de toute cette intrigue, &
y servait quelquefois son Frère.

Dans ces circonstances, & durant un
des éloignemens du Chevalier pour Mi-
gnonète, il prit du goût pour une jeune
Infortunée, qu'une de ces Femmes qui
donnent à jouer, & qui font plus d'un
metier, avait chés elle depuis quelques
jours. Il savait dejà couvrir ses desordres
par une hypocrisie, dont on n'est pas or-
dinairement capable à son âge, en affec-
tant quelques-uns de ces actes de generosité qui ont de l'éclat. Cette conduite fit que sa Mère lui abandonna la
jouissance de ses douze-mille livres : Placidie, & moi-même nous manquames
de prudence ; nous fumes les dupes de
notre confiance aveugle : tant il est vrai
qu'on doit éclairer toutes les demarches
de la Jeunesse, veiller sur elle avec une
attention infinie, & borner sa depense

Le Chevalier employa son argent à se
se faire bien-venir de l'Intriguante dont
je viens de parler ; & comme il était formé , il se donnait vingt-cinq ans , afin
d'en imposer à cette Femme. La jeune
Beauté , qu'on appelait mademoiselle
Zaïde , (d'un de ces noms d'étiquète qui
semblent afficher une Jeune-fille) était le
but où il tendait : il chercha les occasions
de l'entretenir en-particulier , & n'eut
pas de peine à y réussir ; puisque l'Intriguante le favorisait, & que la jeune Beauté le distinguait de tous ceux qui venaient
dans la maison.

Un matin ils se trouvèrent seuls : le
Chevalier ne perdit pas de temps ; il dé-
clara sa passion. La belle Zaïde baissa
les yeux, soupira, & lui tint ce discours :

—Avec beaucoup moins de penetra-
tion que vous n'en avez, monsieur, vous
auriez deviné que vous ne m'êtes point
indifferent : neanmoins , ce qui va vous
étonner, c'est que je vous jure que ce n'est
pas de l'amour que je ressens pour vous :
je n'éprouve qu'une vive amitié ; & la

pierre-de touche de mes sentimens, c'est
qu'il me semble que je serais charmée de
vous savoir avantageusement marié. Hier
je vis passer une belle Dame sous mes fenêtres ; j'eus le temps de l'examiner,
parce qu'un embarras de voitures retint
la sienne quelque temps, & que les
glasses étaient baissées ; elle me parut
veuve, car elle était en grand deuil : je
la souhaitai pour vous, supposé que sa
fortune & son merite repondissent à sa
beauté. Je voudrais que vous l'eussiez
vue ; e nverité, il est impossible de resis-
ter à son interessante langueur——.

La Jeune-personne pronnonça la fin de
ce discours avec une chaleur, qui redou-
bla l'étonnement de celui à qui elle l'a-
dressait. Mais comme de beaux sentimens
n'étaient pas ce qu'il attendait de Zaïde,
il ne repondit qu'en s'efforçant de prendre des libertés. La Belle le repoussa de
manière, qu'il perdit toute esperance.
Alors, en vrai jeune-homme qui n'est pris
que par les sens, & conduit que par des desirs effrenés, il eut recours, pour se venger,

aux injures & au persifflage le plus amèr.
Zaïde se mit à pleurer. ——Non , monsieur (lui dit-elle) , je ne suis pas ce
que je vous parais ; ma Mère m'a con-
fiée à madame *Trefflin* , & ce n'est pas de
moi-même que je suis venue dans cette
maison , dont j'espère sortir avec mon
innocence. ——La bonne histoire que vous
me faites-là (dit le Chevalier avec le
sourire du dedain) ! Je sais tout ; madame Trefflin ne souhaite rien tant que
de vous voir aguerrie , & c'est en ma faveur qu'elle s'est absentée , parce que ni
elle ni moi , nous ne vous croyons faite
pour être une Heroïne de Roman—. La
Jeune fille , qui ne doutait pas qu'elle
n'eût été vendue par sa Mère , mais qui ,
par une honnêteté naturelle , & non le
fruit de l'éducation , s'était proposée
de se garantir des piéges qu'on lui ten-
drait , répondit au Chevalier avec beaucoup de menagement , & l'évita par la
suite. Il en fut outré : dans son depit ,
Mignonette fut son pis-aler ; & neanmoins tourmenté par sa passion , il revenait toujours à la belle Zaïde.

Mais quelle fera la conduite de cette Jeune-perfonne, abandonnée à elle-même, exposée à la feduction chés la Trefflin ? Elle employa l'adreffe (comme je l'ai fus depuis) ; elle emprunta le mafque de l'enjoûment, de la legèreté, de la coquetterie ; fa vertu fe cacha fous des dehors prefqu'indecens. Elle alait jufqu'à donner des efperances aux uns ; à faire aux autres d'humilians aveux, capables de les éloigner : à ceux-ci, Zaïre paraiffait une effrontée, que l'intérêt guidait feul ; à ceux là, une revêche, fans efprit, dont l'entretien n'était qu'une querelle continue : avec les plus opiniâtres, elle employait les précautions, la resiftance ouverte, & d'autres moyens, non moins efficaces ; tels que la terreur, très-bien fondée, avec les Filles de la claffe dont elle paraiffait être.

Mais je ne m'appesantirai pas fur ces details, fatigans pour le Lecteur, & plûs encore pour moi. Le fort de cette Infortunée va changer.

Il femble que la veritable vertu ne do-

meure jamais sans secours. La belle Zaïde avait épuisé toutes ses ressources, la
Trefflin commençait à s'impatienter des
plaintes continuelles qu'on lui fesait de
sa Fille ; & les Galans à se douter qu'elle
les jouait : le Chevalier sur-tout, dans ses
frequentes ruptures avec Mignonette,
employait contre Zaïde tout le credit
qu'il avait sur la Trefflin : c'en était fait
peut-être, & la violence aurait... Desesperée des persecutions qu'elle éprouvait, & qui renaissaient à chaque instant,
cette aimable Fille s'échappa un jour,
& descendit au Jardin du Palais-Royal,
sur lequel donnait la maison de la Trefflin, pour y reflechir en liberté. Son bon
destin voulut qu'elle fut remarquée d'un
Signeur puissant, qui frappé de ses
grâces, & du charme repandu sur toute
sa personne, voulut savoir ce qu'elle
était. Un Gentilhomme eut ordre de s'en
informer. Zaïde nomma la Trefflin, ce
qui sans-doute ne donna pas une haute
idée de sa vertu. Cependant on vint la
tirer dès le même soir, d'un sejour si peu

fait pour elle. Une fortune brillante l'attendait. Apparemment on l'en crut digne...Trop souvent le Public dispense les
reputations d'après de trompeuses appa-
rences : que cet exemple l'instruise. . . . .
Le reste doit être couvert d'un voile im-
penetrable.

Le Chevalier apprit des premiers le
sort glorieux de Zaïde. Il était Colonel
pour-lors, & mon Fils Capitaine dans
le même Regiment. Tous-deux avaient
au suprème degré les vices de leur état,
sans en pratiquer les vertus : l'occasion
était belle pour la jactance du Chevalier;
il en profita, & joignit la noirceur au
mensonge.... Combien de nos Petits-
maîtres en font autant, & savent meta-
morphoser en faveurs, les justes dedains
des Belles qui les ont rebutés!

Cependant la prétendue Mère de Zaïde fut instruite comme les autres : elle
accourut chés la Trefflin, & lui decouvrit mille choses secrètes sur la naissance
de la Jeune-personne qu'elle lui avait
livrée. Cette Femme, qui n'avait pas

lieu de fouhaiter que Zaïde fe reffouvînt
d'elle, effraya fa Complice, en lui fe-
fant entendre qu'on ne manquerait pas
de la faire punir, fi elle fe montrait.
La malheureufe Nourrice, qui fe trouvait fans reffources, prit un parti bien
tardif à-la-verité, mais enfin le feul
qu'il falait prendre. Elle vint chés moi,
fe fit connaître pour la Nourrice de mon
Aglaé, implora mon indulgence : enfuite elle avoua que f'étant laiffée fedui-
re par un Poftillon, qui avait été le rival de fon Mari, elle avait accompa-
gné cet homme en Danemarck, paffant
pour fa femme : qu'elle n'avait pas
gardé notre Fille à mauvaife intention,
mais feulement pour mieux en impofer
au Maître de fon Amant : qu'étant
revenue à Paris au-bout de quatre années, & n'ayant pas eu d'enfans, elle
avait gardé celle qu'elle nous avait enlevée, parce qu'on aurait voulu favoir ce
qu'elle ferait devenue, fi elle l'avait re-
mife à fes veritables Parens : qu'ayant
perdu le Poftillon, lorfque ma Fille
atteignait

atteignait sa quatorzième année , & celui-ci ayant declaré en mourant , la verité sur leur prétendu mariage , on l'a-
vait congediée : qu'alors se trouvant
dans la misère , elle avait eu recours à
la Tresslin ; qui l'avait engagée à lui remettre Aglaé , qu'elle croyait sa Fille ,
moyennant une somme , qu'elle lui donnerait comme un dedommagement des
des services qu'elle en eût tiré : enfin ,
elle me revela quel était le sort actuel de
ma Fille. Que l'on juge de ma sur prise,
& de la douleur que je ressentis , d'après
ce que je devais présumer de la conduite de mon Aglaé chés une Tresslin ! Je
fis mettre la Nourrice en lieu sûr , à-
cause de mon Epouse ; Placidie n'aurait
pu supporter l'idée affreuse d'Aglaé exposée chés une Intriguante !

Je donnai tons mes soins à faire d'e-
xactes informations : j'alai moi-même
chés la Tresslin. Tout ce que j'appris
me rassura. J'écrivis au Chevalier , &
sans lui rien decouvrir , j'exigeai l'aveu
de tout ce qui s'était passé entre la pré-

tendue Zaïde & lui. Par sa reponse, le Chevalier rendit temoignage à l'innocence, & disculpa Zaïde sans la connaître. J'en benis le Ciel. Enfin, par les intelligences que je me donnai chés ma Fille, je lus dans son cœur, & je decouvris tout ce que je viens de dire.

Elle ne me connaît pas encore : j'attens pour me declarer, & instruire Placidie, que les circonstances me le permettent.

Quelque temps après, nous eumes le cruel chagrin d'apprendre que le Chevalier avait épousé Mignonette clandestinement. Comme le Duc de B*** était mort, & qu'il nous avait écrit quelques jours auparavant, qu'il nous chargeait de faire un établissement convenable au Chevalier, au moyen d'une somme considerable qu'il nous envoyait, nous laissant tout pouvoir sur cet Enfant; j'en usai, pour faire casser son indigne mariage. Mais je ne pus apprendre sans indignation le peu de sensibilité du Jeune-homme pour la Compagne qu'il avait ôsé se donner. Je feignis d'employer beaucoup de rigueur ; & son âme dure n'en fut pas émue.

Par une fatalité que j'ignorais alors, mon Fils suivait les traces de son Frère. C'est ainsi que trop souvent la corruption se propage dans les familles ! Le Chevalier avait procuré pour maitresse à son Cadet, une de ces Femmes, dont la facilité applanit à la Jeunesse le chemin du vice. D'Yran, dont les passions étaient vives, & qui était trop jeune pour savoir les gouverner, donna bientôt dans la plus sale debauche. Son Frère, sans le vouloir je pense, le traita comme Denys-le-tyran en usait envers le Fils de Dion : & je ne l'ai su, que dans un temps, où le remède est incertain, autant que des-agreable.

Le deux Frères furent enfin separés. L'imprudente vanterie du Chevalier ayant été sue, par le canal de quelque Ennemi secret, il y eut des ordres pour l'arrêter. Aulieu de s'adresser à moi, qui pouvais si facilement en obtenir la revocation, il a préferé de se cacher ; & depuis ce moment, je n'ai pu savoir ce qu'il était devenu.

Après tant d'évènemens extraordinaires que je viens de rapporter, ce que je pourrais ajouter paraîtrait froid. Ainsi je vais terminer le Troisième Livre de mes Memoires ; en demandant au Ciel sa protection pour ma Fille, le changement de mon Fils, & celui du Chevalier. Si je voyais un jour les deux derniers tels que je les souhaite, que manquerait-il à ma satisfaction ?

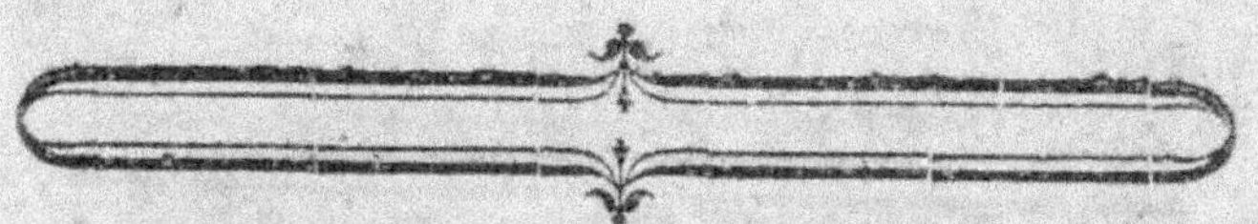

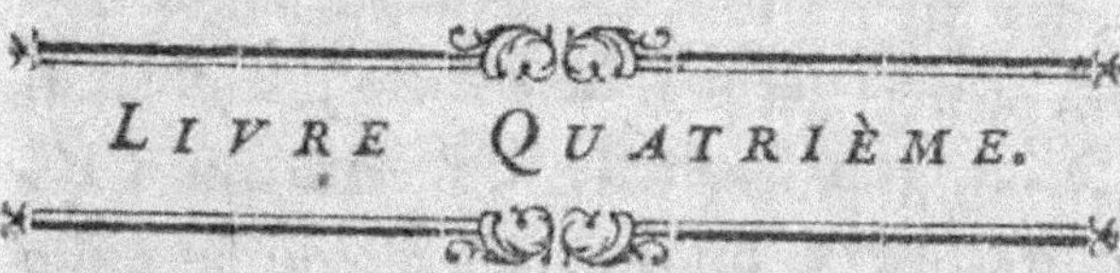

LIVRE QUATRIÈME.

JE reprens au-bout de trente ans, la Suite de ces Memoires, que j'ai laissés au IIIme LIVRE. Je m'étais proposé d'en demeurer-là. Quelques chagrins domestiques, & la vie uniforme de deux Époux bien unis, ne me paraissaient pas des objets assés interessans, pour en donner les details. Il n'y avait que ce qui regarde ma Fille, qui pouvait exciter la curiosité ; mais comme j'ai resolu de garder le silence à son sujet, ce motif ne m'aurait pas determiné. Une decouverte singulière que j'ai faite, m'engage à reprendre la plume : elle concerne le Fils de Placidie , que j'avais perdu du vue depuis le temps environ où j'avais cessé d'écrire. Mais avant que d'entrer dans ce recit, je vais donner un précis de mon histoire , afin de lier les évènemens.

Le Chevalier d'Ingolstadt ne m'écrivit plus depuis la Lettre , dont j'ai parlé, par laquelle il m'avait assuré, que tout ce qu'il avait dit de la belle Zaïde , était l'effet d'une imprudence de Jeune-homme, & absolument faux.

Quant à mon Fils, dont les mauvaises dispositions se developaient avec l'âge, il donnait dans les desordres ordinaires à la Jeunesse dissolue. Je crus l'en retirer , en l'obligeant à rendre des soins à l'une des plus aimables Personnes de France , & qui était une heritière fort riche. Cette charmante Demoiselle lui inspira effectivement une passion très-vive ; il se contraignit pour lui plaire, & comme il sortait à-peine de l'enfance ,

je penſai que le vice n'avait pas encore jeté des racines profondes ;
je le crus changé. Mademoiselle D.
L. B. (c'eſt le nom de celle que je
lui deſtinais) prit de l'amour en en
donnant : ainſi le mariage fut bientôt conclu. Mais à-peine quelques
mois ſe furent écoulés , que mon
Fils revint à ſon mechant naturel. Il
negligea d'abord ſon Épouſe ; bientôt
il voulut diſſiper : elle ne put y con-
ſentir ; il ôsa la maltraiter ; & ma
vertueuse Bru n'opposait à tous ſes
emportemens , que des remontrances
moderées, & la douceur de ſon caractère. D'Yran en abusa , juſqu'à la braver, en lui fesant voir , en lui amenant
même une indigne Rivale. Un vieux
Domeſtique en fut revolté ; il m'avertit
de ce qui ſe paſſait. Je fis alors ce que devraient faire, tous les Pères, dont l'autorité ſacrée doit ſ'étendre ſur la vie
entière de leurs enfans. J'alai trouver
mon Fils. J'employai d'abord les re-
présentations. Il feignit d'en être tou-

ché : mais ayant fait éclairer ſes demarches, j'appris qu'il m'en imposait. Je retournai : les reprimandes furent vives.
D'Yran m'en parut impatienté ; j'y joi-
gnis la menace , & je me retirai. Mon
Fils ſe cacha davantage ; mais il n'en
devint que plus cruel à l'égard de ſon
Épouse. Ce fut pour-lorſ que j'oſai de
mes droits. J'alai chés mon Fils au
milieu de nuit , je lui parlai avec moderation devant ſon Epouse , qui était
enceinte , & qu'il venait de faire in-
ſulter grièvement par ſa Maitreſſe ; je
fis conduire chés moi cette chère Bru ;
& dès qu'elle fut partie , je pris un
autre ton. Mon Fils ôsa me manquer
de reſpeƈt : je m'y attend ais ; j'avais
amené deux forts Domeſtiques, qui le
ſaisirent, le lièrent ; après quoi, malgré
ſes fureurs & ſa resiſtance, je le renfer-
mai dans une chambre ſûre : & comme je ſais que dans une monarchie, le
Souverain a la plenitude de l'autorité
paternelle ſur tous ſes Sujets , j'alai me
jeter aux piéds de M.ʳ le Regent, qu'un
Miniſtre qui m'honorait de ſon amitié

avait prévenu. Le Prince m'écouta de cet air de bonté, qui le fesait adorer, & me donna un pouvoir, signé de sa main, *de punir mon Fils, en père, de la manière que je le jugerais à-propos.* Je n'en abusai pas.

Mon premier soin fut de dedomager ma Bellefille des torts de son Mari : Placidie & moi, nous lui montrames tant de tendresse, nous fimes si bien notre première affaire de lui procurer tous les amusemens, tous les plaisirs de son âge & de sa condition, que bientôt nous eumes la satisfaction de la voir heureuse. — Ma chère Fille, lui disait Placidie, c'est nous qui vous avons trompée ; c'est à nous à qui vous pouvez reprocher votre malheur : pardonnez - le nous ; & si l'affection la plus vive, peut reparer nos torts envers vous ; si elle peut rendre excusables, jamais personne ne le fut autant que nous. Nous vous adorons, mon Époux & moi ; toute notre esperance, pour un Fils infor-

tuné , nous la mettons en vous : bientôt il fera père ; & peut-être que cette
qualité adoucira fon âme ; peut-être
qu'un jour , il fera touché de nos
larmes , des vôtres , & de celle de
fon Fils——.

Ces efperances flateuses f'évanoui-
rent bientôt : l'âme atroce de mon Fils
ne pouvait changer , & l'Infortuné fu-
bit le fort du Fils de Dion de Syracuse,
auquel je l'ai deja comparé ; il mourut
à Pierre-encise , où j'avais été forcé de
le faire conduire , des fuites de plusieurs coups violens qu'il f'était donnés
à la tête contre les barreaux de fa
chambre. La naiffance d'un Petitfils
nous confola d'une perte qui n'était
plus rien , depuis celle des mœurs :
qu'eft ce qu'un Fils mauvais citoyen ,
mauvais époux ? . . .

La mort de mon malheureux Fils
nous fit decouvrir les premiers auteurs
de fa corruption. Placidie éclata en
regrets , & fans-doute ils parvinrent
au Chevalier, quoi qu'il fût deja difpa-

ru, par les raisons que je dirai bientôt. Privés de tous ceux qui nous touchaient par le fang, c'était l'inftant de nous rapprocher de notre chère Fille. J'y préparai mon Épouse, & madame D'Yran ma bru fit la première demarche. Aglaé (ou Zaïde) la reçut avec diftinction, & l'introduifit dans fon cabinet, dès qu'elle eut demandé à lui parler en particulier. Madame D'Yran commença l'explication par fe nommer ; enfuite elle raconta en abregé, toute notre hiftoire. Lorfqu'elle en fut à l'article de la naiffance d'Aglaé, & qu'elle eut nommé la Nourriçe, ma Fille fe leva toute en larmes, & vint fe jeter dans fes bras, en l'appelant fa chère Sœur. Et fans attendre d'autres explications, qu'une conclufion en gros, elle voulut partir fur le-champ pour venir nous embraffer. En entrant, Aglaé reconnut cette belle Dame, qu'elle avait propofé d'aimer au Chevalier d'Ingolftadt; & cette Dame, c'était fa Mère. Que cette entrevue, à laquelle je disposais mon Épouse depuis longtemps , fut touchante pour tous trois ! Placidie ne pouvait s'arracher des bras de sa Fille ; Aglaé ne pouvait quitter sa Mère ; & dans les inſtans où elles ſe ſeparaient , c'était pour ſe regarder , & admirer leur parfaite reſſemblance. Cette charmante ivreſſe n'eſt pas encore paſſée , & toutes nos entrevues reſſemblent à la première... Mais c'en eſt aſſés , & je m'arrête, pour entrer dans d'autres details.

Il y a deux ans , que je rencontrai à l'Opera, dans une loge voisine de celle de M. De * * *, un Gentilhomme fort aïmable , avec quî je liai connaiſſance. Il ſe fesait nommer M. *De-la-Loure* , & paraiſſait quarante-cinq ans. Dans un de nos entretiens , il me confia un jour, que depuis longtemps il courait après le bonheur, tel qu'un Mortel peut le prétendre , & qu'enfin il croyait l'avoir atteint. Je ſouris , en lui disant, Que c'était avoir trouvé bien mieux que la pierre - philosophale.

—J'ai toujours pensé (reprit-il) que l'amour était la première, la plus noble des passions, & la plus delicieuse à satisfaire. Mais nous rend-elle heureux? L'experience est pour la negative, quoiqu'il n'y ait rien au monde de plus propre à le faire que cette passion. Lorsque nous sommes dans l'âge d'être aimés, l'inconstance, de notre part, en empoisonne les douceurs : lorsque nous avons atteint la maturité, les Belles nous dedaignent.

J'ai longtemps reflechi (continua-t-il) sur le moyen de parer à ces inconveniens, & j'avais eu le chagrin de ne rien trouver qui pût me satisfaire, quand je fis la connaissance d'une Jeune-personne—... Je l'interrompis, —Qui vous a procuré le bonheur (poursuivis-je). —Oui, monsieur (reprit-il) : Et si votre âge, & votre condition, ne rendaient mon invitation plûsque hardie, je vous proposerais de me venir voir un de ces jours ; nous causerions là-dessus, & je

vous montrerais des choses qui vous éton-
neraient——. J'acceptai son offre par plus
d'un motif, & je n'eus garde de manquer
au rendez-vous.

Depuis que je voyais cet Inconnu, je
cherchais à demêler ses traits ; le son
de sa voix ne m'était pas étranger ; & l'on
verra bientôt que j'avais le plus grand intérêt à éclaircir mes doutes à son sujet.

Il demeurait dans un quartier tranquile, proche le boulevard du Temple.
Douze mille livres de rentes composaient
alors toute sa fortune. La maison qu'il
habitait était adossée à une autre, dont
l'issue donnait dans la rue voisine : il
me fit remarquer cette situation. Une
porte qu'il avait fait percer, formait
la communication. Entre son petit
appartement, & une autre qu'il avait
loué dans cette maison adossée à la
sienne, il y avait une pièce vide, &
sans jours. Il m'y introduisit ; & levant
une petite coulisse, il me fit voir une
Jeune-personne belle comme une des
Grâces : sa Mère était à-côté d'elle,

& toutes-deux s'entretenaient, en travaillant à des ouvrages de leur sexe. —Voila, me dit-il, la source de mon bonheur : Tous les jours je viens ici admirer ses charmes , & jouir du plaisir de l'entendre quelquefois parler de moi—. Il baissa la coulisse ; —Venez (poursuivit-il) ; je vais vous raconter mon histoire ; elle debrouillera peut-être les idées que vous avez sur mon compte.

Je le suivis dans son cabinet. Tout ce que je voyais me confirmait dans mes premières conjectures, & je redoublai d'attention.

Il prit la parole en ces termes :

MON HISTOIRE,

ou

LE SECRET D'ÊTRE HEUREUX
PAR L'AMOUR.

» JE n'ai connu que très-tard, combien la moderation, & une conduite règlée font deux choses effencielles pour être heureux. Ma jeuneffe, comme celle de la plupart des hommes de ma condition, fut un abus continuel de ma fortune, & de mon temperament. Un Père refpectable, & une Mère digne d'être adorée de fon Fils, en gemiffaient, & peut-être me pleurent encore, puifque tous-deux font au-monde, le premier à l'âge de près de foixante-dix ans ; & Mère à celui de cinquante-huit ou neuf. Vous faurez bientôt ce qui me fait vivre ignoré de ces chers Parens.

» Avant que de fortir de la maison paternelle, & d'entrer aux Moufque-
taires,

taires, je debutai par une paſſion très-
commune, pour une Femme-de-chambre de ma Mère. Un delire de liberti-
nage, plutôt que d'amour, me la fit
épouser à l'inſu de mes Parens (j'étais
alors Officier), qui firent caſſer le mariage. J'avais cependant une paſſion
plus forte dans le cœur. Mais dois-je
vous en parler ?... Après m'être fauſ-
ſement vanté d'avoir obtenu des faveurs de cette belle Perſonne , après
d'autres propos encore plus injurieux ,
j'appris qu'elle était.... ma ſœur....

» Je ne pus ſupporter la honte dont
je m'étais couvert moi-même ; & les
railleries de mes Confrères. Je quittai
le ſervice ; je m'éloignai de mes Parens , & je me compoſai de tout ce
que je pus ramaſſer, ſoit en vendant
ma Compagnie , ſoit des préſens que
j'avais reçus de ma Mère , deux mille
écus de revenu. Je m'y étais pris à-
temps : à-peine mes arrangemens
étaient faits, que je ſus, qu'en punition
des propos indiſcrets que j'avais tenus,

II Partie.   K

il y avait des ordres pour m'arrêter.

» Je me retirai dans une petite maison que je louai à *Villeneuve*, au-de-la de *Charenton* ; me cachant avec soin à tous les yeux. Je fis élever les murs de mon petit jardin ; je ne sortais jamais, & le Jardinier seul ou sa Femme avaient accès auprès de moi. J'appris dans ma retraite que ma Sœur, enlevée par une Nourrice infidelle dès l'âge le plus tendre, venait d'être reconnue de mes Parens : comment, sans mourir de honte, aurais-je pu me présenter devant-elle, & devant eux, après ce que j'avais dit publiquement, avec une detestable assurance ? Je ne pouvais douter que mes Parens ne fussent intruits, puisque mon Père m'en avait fait des reproches par Lettres, & que les ordres pour m'arrêter, obtenus au nom de celle que je connaissais sous le nom de Zaïde, n'ont été revoqués qu'après cette reconnaissance entre mes Parens & ma Sœur ?

» Je passai dix ans dans ma solitude.

Que cette longue retraite ne vous sur-
prenne pas ; elle fut adoucie par les
plaisirs qui convenaient à mon âge &
à mon goût. Mon Jardinier avait une
Jeune-fille de douze ans, lorsque je
le pris à mon service : je la trouvai
jolie, & je fis élever la petite Therèse
avec le même soin que j'aurais pris de
ma Fille. Les trois années que je donnai à cette éducation furent les plus
douces que ma passion m'ait procurées.
Therèse voyait en moi un Maître bien-
fesant, qui la tirait de la misère, &
elle en marquait de la reconnaissance.
Lorsqu'elle eut quinze ans, je voulus
recueillir le fruit de mes peines. Rien
de plus seduisant que Therèse ; son teint
avait une delicatesse, une fraîcheur
appetissante ; son néz voluptueux &
retroussé convenait avec deux beaux
yeux, où petillait tout le feu d'un temperament vif & tendre : sa taille était
admirablement bien prise ; sa jambe
fine, & tout le reste fait pour exciter
le desir. Ajoutez les talens agreables,

une voix harmonieuse , une humeur
careſſante ; & voila Therèse.

» Je ne trouvai dans cette Jeune-
perſonne que les obſtacles charmans
de l'honnêteté : mais ils cèdèrent enfin
au goût que je lui ſus inſpirer pour
moi. Les premiers mois furent heureux. J'étais enchanté de mon ſort,
& j'oubliais tout l'Univers. Le Jardinier & ſa Femme , genſ ſimples &
droits , ne ſouçonnaient rien de nos
ſecrets plaisirs ; ainſi , j'en étais également reſpecté. Tout alait d'abord le
mieux du monde : mais inſenſiblement
Therèse ſ'accoutumait à me voir prendre le rôle d'Adorateur ; elle n'était
jamais ſi tendre & ſi complaisante,que
lorſque j'étais à ſes genoux. Un homme de mon âge (j'avais trente-quatre
ans) fut inſenſiblement ſubjugué par
une Innocènte de ſeize ; au point qu'à
dix-huit , elle était une deſpote abſo-
lue , ſans que je m'en fuſſe douté. Le
joug ſ'apesantit encore les deux années
ſuivantes , & me fatigua : l'on voulait

connaître tous mes fecrets : mes refus
aigrirent ; je fus tourmenté , au point
qu'il falut nous feparer. Therèse furieuse, gâtée par moi , par les lectures que
je lui avais fait faire , vint à Paris ; fe
lia très-vite avec quelqu'une de ces Femmes à louage dont la Capitale abonde ,
& trouva ce qu'on nomme un *Payeur.*
Celui-ci la fit connaître ; elle avait de
la voix ; il l'enrôla dans la compagnie de *Saint-Nicaife* , où elle eft connue fous le nom de la R***. Mais Therèse ne f'en tint pas-là : pour fe venger
de moi , elle repandit qu'il y avait à
Villeneuve un homme qui fe cachait, &
qui avait apparemment de fortes raisons pour le faire. Heureusement ,
qu'ennuyé de ma folitude , j'étais venu à Paris , affés bien deguisé pour
ne pas être remarqué de ceux-même
qui m'avait le mieux connu ; j'appris ,
au Caffé de la Regence, où je mis adroitement la converfation fur Mlle R.***
les bruits qui couraient. Je retournai
fur le-champ à *Villeneuve* , & je de-
logeai , fans en informer le Jardinier

& sa Femme ; leur laiſſant, outre leurs gages, tous mes meubles , du linge & quelques habits.

» Je fus quelque temps à reflechir ſur le train de vie que je prendrais. Il me vint même en penſée d'aler me préſenter à mes Parens ; & peut-être l'aurais je fait ſans l'incident que je vais vous dire.

» J'étais un jour dans l'endroit où demeurait ma Sœur (il eſt inutile de vous le nommer) : un Officier, mon ancien Camarade dans les Mouſque-taires , vint à moi : —Monſieur, me dit-il , je crois vous connaître : mais ſuppoſé que je me trompe ; que vous ne ſoyiez pas le Chevalier D'ln* * * (c'eſt le nom que je portais dans ma jeuneſſe), ou que vous ayiez des rai-sons pour ne pas me donner votre con-fiance, je vous avertis que l'air n'eſt pas bon ici pour celui dont vous avez les traits—. En-même-temps il me quitta , ſans rien ajouter , & ſans qu'il me fût poſſible enſuite de le rejoindre.

» Je pris le parti de vivre caché comme auparavant, quoiqu'au milieu de Paris : les précautions étaient faciles à prendre, depuis que perſonne ne ſ'intereſſait plus à me faire priver de ma liberté. Mais il falait de l'occupation à mon cœur, & j'en cherchai. Les Avantures ne ſont pas rares dans une Ville inmenſe, où tant de Femmes ſouhaitent d'en avoir : ainſi je trouvais tous les jours à m'embarquer ; mais le degoût ſuccedait trop vite. Je m'aperçus d'ailleurs qu'à trente-ſept ans, nous commençons à ne plus être aimés que des Femmes bien raiſonnables ; & cette decouverte me rendit encore plus circonſpect dans mon choix. Mais ce que la raiſon n'ôſait faire, le hazard l'executa.

Je rêvais un-ſoir dans un quartier proche du Palais-royal, ſur les moyens de ne pas être trompé par une Coquette ; ſur-tout, je reflechiſſais ſur la conduite à tenir, pour ne pas gâter un caractère heureux, comme j'avais eu le malheur de le faire à l'égard de Thereſe ; lorſque j'entrevis

de loin une Jeune-perfonne faite au
tour. Par-inftinct, je m'avançai pour
la voir de plus près. Je la trouvai
charmante. Mon cœur me dit, que
c'était-là celle que je cherchais. Mais
comment lui parler ? C'était f'exposer
à une reponfe mortifiante. Je la fui-
vis, arrangeant dans ma tête un petit
compliment pour la Belle, propre à
ne pas l'effaroucher : quand il fut tel
que je le fouhaitais, j'invoquai le
Dieu turbulent des embarras de Paris,
le priant d'en occasionner quelqu'un,
qui me fournît le moyen d'offrir mon
fecours à la jeune Beauté ; ou tout au-
moins de l'accofter, & de lui dire un
mot fans affectation. Le Dieu fut
fourd, & les maudits Fiacres, pour
me faire enrager, furent d'une adreffe,
& d'une bonne-volonté, qui tinrent les
rues parfaitement libres. La Jeune-perfonne arriva chés elle fans mal-en-
contre, & je n'eus d'autre reffource,
que de remarquer fa porte, & l'étage
ou elle entrait. Nous étions dans ce
temps où *Sirius* fe lève avec le Soleil ;

c'eft-

c'eſt-à-dire dans les ardeurs de la Ca-
nicule ; la Belle laiſſa la porte ouverte ,
& fut ſe mettre à ſa croisée. Je l'ob-
ſervais, & je fus ſur-le-point d'entrer.
Une penſée me vint. Je ne ſuis plus
dans mon printemps (me dis-je à moi-
même), & la Jeune-perſonne pourrait
très-bien être ſenſible à l'avantage
d'une brillante jeuneſſe : ſondons adroitement ſes diſpoſitions par quelques
Lettres : je n'y deguiſerai rien , & je
pourrai me préſenter enſuite, en
m'en diſant l'auteur. Je m'arrêtai à ce
plan. Je reſolus d'écrire, & de devoîler
mes ſentimens , en ſuivant une gradation inſenſible.

» Mais auparavant je voulus revoir
mon Vainqueur. Un-ſoir, qu'elle re-
montait chés elle , je me trouvai dans
la maiſon , cherchant une occaſion de
la voir , ou ſeulement d'entendre ſa
voix : je lui dis une douceur en paſ-
ſant, qu'elle reçut aſſés bien. J'ouïs
diſtinctement , lorſqu'elle ouvrait ſa
porte , qu'elle demandait à une Voi-

II Partie.   L

sine, si ce Monsieur qu'elle venait de rencontrer dans l'escalier, était de sa connaissance. Et sans faire attention à la reponse negative qu'on lui fit, elle se mit à chanter. J'augurai bien de ce caractère d'enjoûment. Mais je vous ai dit que j'écrivis : ce fut après deux autres visites dans le quartier de ma Belle.

I.re LETTRE, à l'aimable INCONNUE.

JE suis plus étonné que vous le serez vous-même, mademoiselle, des sentimens que vous m'avez inspirés. A-peine vous ai-je vu, & je vous adore. Ce charme séduisant, dont je revêtais dans mes rêveries, l'Objet d'une tendresse imaginaire, je vous l'ai trouvé. —Eh-quoi ! (direz-vous) peut-on aimer sans connaître ? cette passion, peu vraisemblable, ressemble à celles de nos mauvais Romans : vous aurez peut-être eu quelques desirs, & vous croyez aimer——... Je conviens, mademoiselle, qu'il est naturel que vous pensiez de la sorte à mon sujet ; & c'est ce qui me fait rougir. Mais

je ne demeurerai pas sans excuse. Je ne
vous connais pas : c'est la verité dans
un sens ; & pourtant j'ôse dire, que je
connais votre caractère ; c'est la gaîté ;
c'est l'enjoûment le plus aimable : je l'ai
penetré, par l'air dont vous reçutes mon
petit compliment l'un de ces jours ; par
quelques mots que vous dîtes en rentrant,
plûs encore par la façon dont vous les
disiez ; enfin, en vous entendant chanter, lorsque vous futes chés vous. La
vivacité marque toujours un bon cœur, &
vous étes vive : vous étes douce ; vos manières & le son de votre voix, tout l'annonce : une de ces femmes-furies, préten-
dues honnétes, & qui ne sont que revê-
ches, m'aurait éconduit par des injures,
lorsque je m'avisai de vous parler hier :
vous me repondîtes avec une aisance polie
& retenue tout-à-la-fois. Oui, votre caractère est adorable, & doit rendre l'Objet
de votre choix le plus heureux des hommes. Voila, mademoiselle, ce que je
pense, & ce que je penserai toute ma
vie.

L 2

Quant aux avantages exterieurs, vous
avez ceux que j'ai toujours desiré. Je
hais les grandes Femmes ; il me semble
qu'elles doivent étre, pour la plupart,
imperieuses ; celles d'une taille moyenne
ont quelque chose de plus mignard, de plus
enfantin, de plus convenable à votre sexe,
en-un-mot. Votre figure est piquante ; un
je-ne-sais quoi l'anime, plus enchanteur
que la beauté méme, & peint dans vos
traits l'ame la plus liante & la plus genereuse. Vous étes jeune.... Celui qui vous
adore, ne jouit pas de cet avantage, il
a trente-six ans passés : sa figure.....,
vous l'avez vue : sa fortune est mediocre,
mais suffisante pour un cœur sans ambition : son état.... est mal-assuré : ses
mœurs, sont honnétes : il aime le plaisir,
quoiqu'il soit ennemi du jeu, du vin, &
de bien des folies qui perdent les autres
hommes : la seule volupté à laquelle il
soit sensible, est celle que vous pouvez lui
procurer ; cette volupté si pure, d'aimer
& de l'étre..... Voila ma seule faiblesse (si c'en est une).... Mais oui ;

c'en eſt une, lorſqu'elle égare, lorſqu'elle attache le cœur par des liens capable de nous avilir.... La mienne ne peut que m'honorer à mes yeux, comme à ceux des autres.

Que vous dirai-je encore, mademoiſelle ? Si votre cœur eſt libre, permettez-moi de l'attaquer, & de me faire connaître : ſ'il ne l'était pas.... Cette penſée me chagrine ;... mais enfin, il faudrait bien vous obéïr.

J'ôſe me dire, en attendant ces lumières, que j'acquerrai le plutôt poſſible,
Votre reſpectueux Adorateur

DE-LA-LOURE.

» Cette première Lettre me procura une ſcène très-agreable. Je la fis porter par un Commiſſionnaire, un-ſoir que je venais de voir rentrer la Jeune-perſonne, & je me tins dans l'eſcalier, à-portée de l'entendre lire. Ma Belle, après avoir decacheté le poulet, appela cette Voiſine dont j'ai dit un mot : c'était une Femme mariée ; elle vint avec ſon Mari. On leur lut ma

Lettre, & j'entendis tous les commentaires qu'on en fesait. Ils ne m'étaient pas desavantageux : fur-tout ceux de ma Belle. La lecture achevée, le Mari de la Voisine fit un pesant difcours pour recomander la prudence. —Mondieu ! monfieur (dit la Jeune-perfonne) me croyez-vous donc prête à me jeter à la tête d'un Inconnu ? Cependant, je ne faurais vous taire que celui-là m'intereffe ; & je fuis loin de lui faire un crime de me trouver à fon gré—. Et f'adreffant à fa Voisine : —Ces pauvres hommes ! ne peuvent ils donc nous temoigner des desirs fans nous offenfer ? pour moi, je penfe tout-differemment, & je fuis flatée d'en infpirer, fur-tout pour une première fois qu'on me le dit avec une certaine étendue. —Mademoiselle Alan, reprit le fentencieux Voisin, ce que vous dites-là fent un peu la coquête. —Point-du-tout (interrompit fa Femme) ; Mademoiselle f'exprime de-manière à faire entendre, que ce

font moins les douceurs qu'on lui
dit , qui la flatent , que la part dont
elles viennent : & ce n'eſt pas là ,
ce me ſemble , le fait d'une Coquète :
Mademoiselle n'a-t-elle pas un cœur ;
& ce cœur ne peut-il pas ſe laiſſer
prendre tout comme il a pris : elle
a plu ; on lui plaît. ——Je ne dis pas
tout-à-fait cela , repondit mademoiselle Alan (en rougiſſant un peu) ;
mais je me ſens flatée , ſans trop ſavoir
pourquoi. Au-reſte , je me rappelle
d'avoir vu deux ou trois fois l'homme
en queſtion ; c'eſt le même qui me fit
un compliment l'autre jour ; c'eſt le
même qui me ſuivait , lorſque je reve-
nais de chés ma Sœur. ——Voila une
belle manière de faire connaiſſance ,
que de ſuivre ! interompit le gros Voisin. —Eh-mais , lui dit ſa Femme , comme tu te previens contre cet Inconnu !
l'on dirait que tu enès jaloux——!
Le mauſſade Raiſonneur ſortit , en
hochant la tête , & rentra chés lui.

»——Ma chère Voisine , dit la gentille Alan, que me conseillez-vous ? dois-je refuser les Lettres ? je suis seule ; mon Frère est absent : que pensera ce Monsieur, de voir une Fille, seule, qui reçoit sans-façon des Billets-doux——? La reponse de la bonne Voisine fut pour moi : elle decida qu'on recevrait mes Lettres, ne fût-ce que, pour s'en amuser ; mais qu'on se cacherait du Voisin. Ensuite la conversation changea d'objet ; & la crainte d'être surpris, fit que je me retirai.

» Je savais en general, par ce que je venais d'entendre, que ma jeune Maitresse était honnête ; qu'elle m'avait vu, & que je ne lui deplaisais pas. C'est d'après tout cela que j'écrivis ma seconde Lettre, après avoir eu soin de me recontrer encore où ma Belle devait passer.

II.de LETTRE de M. DE-LA-LOURE, à mademoiselle ALAN.

COMMENT vous exprimer, mademoiselle, la cruelle incertitude dans laquelle je suis plongé, depuis la Lettre que j'ai eu l'audace de vous écrire? Je sens toute l'irregularité de ma demarche. Mais comment faut-il donc faire, lorsqu'on aime, lorsqu'on adore ce que le Ciel a formé de plus aimable, & qu'on n'en est pas connu; que l'on ne sait personne au monde, à qui s'adresser? Daignez, mademoiselle, pardonner à la necessité; daignez vous prevenir assés avantageusement en ma faveur, pour que je lise dans vos yeux, que je ne vous ai pas autant offensée, que je tremble de l'avoir fait. Vous passates hièr tout auprès de moi sous le portique de l'Opera; vous detournates la vue; je crus m'apercevoir que ma rencontre vous fesait de la peine; au-moins c'est ce que j'augurai de cette rougeur qui vous couvrit le visage, & qui augmenta l'éclat de vos charmes. Oserais-je vous demander de me rassurer par un regard plus?.... Non: je ne l'ôse pas: mais du-moins, recevrez-vous celle-ci?.. Ah! ne m'ôtez pas cette dernière ressource, contre la rigueur de mon sort! Je suis, &c. DE-LA-LOURE.

» Je n'eus pas la satisfaction d'entendre lire cette Lettre comme la première : La belle Alan s'enferma seule. Je ne pus même en être vu durant quelques jours. Seulement un - soir, elle me rencontra proche de sa maison ; elle passait très-vite, & je n'en fus pas aperçu. (Cette manière de faire l'amour était un-peu à l'Espagnole, comme vous voyez) ? Alors j'écrivis de nouveau.

IIIme Lettre de M. DE-LA-LOURE, à mademoiselle ALAN.

Hièr j'eus le bonheur d'entendre le son de votre voix, & de toucher le bord de votre robe. Vous souriez peut-être, mademoiselle, en lisant ces mots ? Ah ! vous pouvez ignorer, combien tout ce qui appartient à l'Objet d'une passion ardente, affecte un veritable Amant.....

On dit que les Femmes sont plus sensibles & plus tendres que les hommes : cela peut-être vrai, dans le general ; mais si l'on descend au particulier, l'on trouvera que le petit nombre des hommes vraiment tendres, le sont plus que les femmes. Eh! qui pourrait exprimer les transports de ces âmes-de-feu, qui sont tout sentiment, à qui rien n'échappe; qui regardent leur Amante, non comme une femme, mais comme une souveraine, & comme une divinité. Telle est ma façon de voir. Je ne m'en applaudis pas; elle ne sert qu'à me rendre malheureux.

Pourquoi m'être enivré du plaisir de vous voir! insensiblement ce plaisir, d'abord si pur & si doux, se mêle d'amertume; je quitte à regret chaque soir le quartier que vous habitez, & que votre présence embellit: Ce n'est point ici, mademoiselle, une de ces phrases vides, de ces vains complimens que l'usage autorise; je ne sais quel charme ils ont acquis, ces endroits qui m'étaient autrefois indifférens; en y arrivant, je crois respirer un air plus leger; il me semble que je suis dans ce delicieux séjour où vecurent nos premiers Parens. Ah! qu'a-t-on besoin de disserter sur le lieu de ce jardin de plaisir ! le Paradis-terreſtre eſt le lieu qu'habite la Beauté qu'on aime.

Je ſuis toujours en proie à de mortelles inquiétudes : Auriez vous mal interpreté l'intention qui m'a fait écrire ? que je ſerais malheureux !..... Auriez-vous eu quelque plaisir à me lire ?... Eh ! de quoi vais-je me flater-là !... Mais du-moins, vos beaux yeux ſe ſont fixés ſur les caractères que ma main à tracés ;... mes penſées ſe ſeront mariées avec les vôtres ; vous les aurez connues, ſenties !... Et ce papier que je tiens, ſera dans vos mains.... pourquoi, pourquoi mon âme toute-entière ne peut-elle pas l'animer !....

Mais peut-être votre cœur eſt préve-nu !.... J'écarte cette idée deseſpe-rante ; je l'écarte ; mais elle revient malgré moi.

Je nôse vous rien demander, pas même un coup-d'œil. Je ſuis &c.

DE-LA-LOURE.

» Il y eut, entre cette Lettre & la ſui-vante, un intervale de huit jours, du-

rant lesquels je fis mon possible pour penetrer les dispositions de l'aimable Alan,
en surprenant quelques-unes de ses con-
versations avec sa Voisine. Les ruses sont
permises (dit-on), en amour comme
en guerre. Six jours s'écoulèrent sans
que j'y reussisse : enfin, le septième au
soir, j'entendis à-peu-près cet entretien :

» (LA VOISINE) Voila un long silence ! (ALAN). Aussi , je ne sais quel air
j'avais, le jour que je le recontrai vis-à-
vis l'Opera ; je fus tout-à-la fois bien-
aise & fâchée de le voir : j'aurais voulu être plus parée ; j'aurais voulu . . . . .
(LA VOISINE). Mondieu ! vous
aviez ce deshabillé-là, sous lequel vous
êtes à-croquer. (ALAN). Croyez-vous
qu'il m'aille ? (LA VOISINE). S'il vous
va ! mieux que toutes vos robes , qui
pourtant vous font à merveilles ; car
vous êtes d'un goût exquis dans le
choix de vos étofes. (ALAN). Mais ce
silence ? (LA VOISINE). Il m'étonne.
Aureste, on ne se rebute pas si vîte : &
puis , que ne se présente-t-il ? (ALAN).

C'eſt fort aiſé à dire ! & comment voulez-vous qu'il ſe préſente ? Il ne le fera pas, mon Amie, vous le verrez, il ne
le fera pas : j'ai entrevu dans ſes yeux,
qu'il étoit fort timide. (LA VOISI-
NE). Vous avez *entrevu cela dans ſes
yeux !* & comment donc, en baiſſant ſi
bien les vôtres, avez - vous ſi finement
entrevu ? … Aureſte , tant mieux s'il eſt
timide ; c'eſt qu'il eſt honnête. (ALAN).
Je voudrais , & je redoute de le rencontrer ; je n'ai pas ſorti depuis ſa dernière
Lettre , quoiqu'à tout moment j'aye été
prête à le faire. (LA VOISINE). La
pauvre Enfant ! C'eſt un état cruel, que
cette indetermination - là , & je vous
plains on ne ſaurait davantage. (ALAN).
Mais , ne trouvez-vous pas ſa dernière
plus tendre & plus vive que les autres? (LA
VOISINE). Je vous fâcherais beaucoup, ſi
je vous diſais que non ; … Mais je menti-
rais; & je trouve en-effet que la chaleur des
Billets-doux augmente à peu-près comme le trouble de votre petit cœur.
(ALAN). Ce n'eſt ni la jeuneſſe , ni la

figure qui m'intereſſent , quoiqu'il ſoit auſſi bien qu'un homme puiſſe être ; mais ,… mais ..... (LA VOISINE). Ce ſont les louanges delicates qu'il vous donne ; c'eſt une paſſion aſſez vive , pour qu'il ſoit très-flateur de l'inſpirer ; c'eſt qu'il *eſt auſſi bien qu'un homme puiſſe être* ; c'eſt qu'il n'a enfin que trente-ſix ans : un-peu de tout cela , n'eſt ce pas ? Et puis il a l'air d'un homme *comme il faut.* (ALAN). Mais oui , mon Amie ! ce n'eſt pas un homme du commun. (LA VOISINE). Il s'en gardera bien ! Ces genſ-là peuvent-ils ſ'éprendre d'une belle paſſion ?… Mais je veux vous ſervir. Il me ſemble l'avoir vu paſſer tous les ſoirs ſous nos fenêtres ; & comme demain mon Mari va pour trois jours à Verſailles , nous profiterons de ſon abſence—. Le gros Mari ſe fit entendre à cet endroit , & ſa Femme quitta la Belle Alan.

» Et moi, je me retirai, pour aler écrire la Lettre ſuivante , que je fis rendre une heure après.

IVme LETTRE de M. DE-LA-LOURE, à mademoiselle A L A N.

HUIT jours, ou plutôt huit siècles sans vous avoir vue ! Ah ! mademoiselle toute la nature me paraît inanimée, & l'Univers une affreuse solitude ; tout languit comme mon cœur. Il m'est donc impossible de vivre sans vous ! Et dans cette extremité cruelle, je ne sais comment parvenir à penetrer vos disposions ! Toutes les manières que je pourrais indiquer, peuvent également vous deplaire ; & cependant, il faut bien que je les indique ; la necessité m'oblige de manquer en ce point aux convenances. Oui, mademoiselle, il est des momens où je suis tenté de me derober par la fuite, & de faire dès à-present un voyage en Angleterre, qui devait n'avoir lieu que dans deux ans. D'autres fois, je suis sur-le-point de surmonter mon excessive timidité, pour me présenter chés vous.... &, prêt à le faire, je m'arrête ; il faudrait que je fûsse sûr que vous le desirez....

Mais

Mais je ne le saurai jamais ! . . . , à moins que le lendemain de la reception de celle-ci. . . , vous ne soyiez chés vous. . le soir. . . , entre neuf & dix. Pardon, mademoiselle, si j'ôse indiquer une heure. . . . . Alors, suivant la manière dont. . . . vous seriez disposée, à mon égard, . . . je hasarderais de vous ouvrir mon cœur.

Je sui avec respect &c.

DE-LA-LOURE.

» Je ne pus savoir l'effet de cet Écrit. Mais le lendemain, je me rendis avant l'heure indiquée dans le quartier de ma Belle : comme il commençait à faire sombre, je la vis passer avec sa Voisine, sans en être aperçu. J'avouerai que cette conduite me derouta d'abord : cependant, il me vint une pensée que je me hâtai d'exécuter ; je montai lestement, dès qu'elles furent éloignées, & je demandai mademoiselle Alan à la Domestique de sa Voisine. On me repondit, qu'elle venait de sortir avec Madame, mais qu'elles alaient rentrer. Je n'eus garde de les attendre. Cet éclaircissement m'instruisait assés. Je me retirai en donnant mon nom. J'alais du côté qu'elles avaient pris , & tout proche l'Oratoire, j'aperçus mon aimable Maitresse , qui revenait avec sa Voisine : je me mis à l'écart , & elles passèrent fort près de moi , sans me pouvoir remarquer. Je les suivis à une distance convenable , & j'entrai sur leurs pas.

»——Un monsieur de-la-Loure , de-la-Loutre est venu, leur dit-on. (ALAN). Ah ! mon Amie ! il ne nous a pas trouvées ! (LA VOISINE). Il reviendra. (ALAN). Nous sommes sorties trop tard ; je vous le disais bien ! (LA VOISINE). Nous n'aurions pu parler à votre Sœur ; elle ne fait que d'arriver de Passi. (ALAN). Il est vrai. (LA VOISINE). Oh ! qu'il reviendra , de reste. Je veux qu'il soupe ici : il ne se doutera pas que madame *Bonnard* soit votre Sœur ; il se gênera moins——. Et regardant par la croisée. —— Je crois que la voici——.

» Observez que la porte était restée

entr'ouverte. Je fus très-embarrassé.
Descendre, la Sœur alait me voir & me
depeindre ensuite peut-être : monter, je
me decouvrais. Je saisis le moment où
mon aimable Maitresse tournait le dos ,
& je montai : la Sœur entra , & la porte
fut heureusement refermée.

» Sûre des dispositions de la Jeune-
personne , je fus moins empressé de me
montrer , & je resolus de prolonger un
peu la situation où je me trouvais. J'attendis jusqu'à onze heures , que la Sœur
de l'aimable Alan s'en retourna. Dès le
lendemain matin j'écrivis ce Billet ,
que je ne fis porter neamoins que le
soir.

Vme LETTRE de M. DE-LA-LOURE,
à mademoiselle ALAN.

*VOUS n'étiez pas hièr chés vous , ma-
demoiselle ; cette conduite m'en dit assés...
Il ne faut plus s'obstiner à persecuter un
cœur qui se refuse.... Adieu , mademoiselle.* DE-LA-LOURE.

» Ce Billet produisit tout l'effet que

j'en pouvais attendre ; & j'en fus
prefque temoin. Je vis l'aimable Alan
interdite ; je crus m'apercevoir qu'elle contraignait fes larmes.... Elle dit
peu de chose, parce que fa Sœur était
revenue ce foir-là , & qu'elle était présente. Cette Dame f'en ala prefqu'auffitôt après la lecture de mon Billet ; &
je fus obligé de m'éloigner, lorfqu'elle
defcendit. Mais dès que je la vis for-
tie , je revins à mon pofte ; il me fut
inutile : tout était clos. Je pris le part^t
de frapper. On vint ouvrir. La Domeftique fit un mouvement de furprise ,
& paraiffait n'ôser ni me faire entrer ,
ni me renvoyer. Je m'avançai lente-
ment dans l'antichambre , précedé par
cette Fille , qui m'annonça par mon
nom , & qui me retint un moment.
Enfin j'entrai : j'aperçus la belle Alan
dans le plus grand desordre ; on voyait
encore les traces de larmes effuyées à
la hâte. —Je viens , mademoiselle ,
lui dis-je , entendre mon arrêt de votre
bouche même ; prêt à m'éloigner ,

j'ai penſé que le bien que je perdais
était d'un trop grand prix, pour que
je dûſſe laiſſer dans mon ſort la moindre incertitude. A - la - vérité, vous
vous êtes expliquée peut-être aſſés clairement; mais permettez-moi de douter juſqu'à ce que..... —Aſſéyez-
vous, monſieur, interrompit la Voiſine de ma Maitreſſe. L'explication ſi
ſi *claire* d'hier eſt très embrouillée,
puiſque ni mon Amie ni moi n'y com-
prenons rien. Quant à celle d'aujour-
d'hui, c'eſt autre chose. Je ſers de
mère à cette Jeune-perſonne, depuis
qu'elle a perdu la ſienne; ſon Frère
& ſon Tuteur, qui eſt peintre, occupe avec elle l'appartement d'ici-à-côté
elle a une Sœur, qui demeure rue de
Richelieu: Vous, monſieur, qui êtes-
vous? —Un ancien Officier de Cava-
lerie; j'ai pour tout bien ſix mille livres
de rente, avec quelques eſperances,
& je ſuis maître de moi. —Voila,
monſieur, préciſement ce que je vous
demandais. Je ne parle pas de vos

vues ; l'on n'en peut avoir que d'honnêtes , en s'adreffant à ma jeune
Amie. —Et de mon côté, je croirais
l'infulter , madame , que d'appuyer là-
deffus—.

» La belle Alan n'avait encore rien
dit : mais je voyais le contentement
& la ferénité renaître par degrés fur
fon joli visage. —C'eft donc Monfieur qui m'a écrit, dit-elle enfin—?
Je m'inclinai , fans repondre. —Vous
écrivez bien, continua-t-elle ; mais
les choses que vous me dites font . . .
fi flateuses, que je n'en dois pas croire
la moitié. —Croyez , mademoiselle ,
repondis-je, que je n'ai pas exprimé la
moitié de ce que je penfais, & vous
aurez de mes fentimens une idée plus
jufte. —Mais , reprit elle , comment
croire qu'on infpire une paffion fi vive
lorfqu'on ne fe connaît rien qui l'autorise ? —Ce n'eft pas trop de tout
cela qu'il s'agit interompit la Voisine;
fuppofé que tout fût comme il con-
vient, agréeriez vous les fentimens de

Monsieur ? —J'en aurais de la reconnaissance , repondit en rougissant l'aimable Alan. —Faites-nous donc connaître, monsieur , votre caractère, & la solidité de vos offres ; & vous verrez que tout ira mieux que vous ne le pensiez avant d'entrer ici. Pour vous faciliter ce que j'exige , ma maison vous est ouverte ; vous y serez reçu comme un ancien Ami : Et si vous aimez bien ma charmante Pupille , vous me serez bientôt aussi cher qu'elle me l'est elle-même——. Elle se leva , en achevant ces mots , & fut donner ses ordres à sa domestique pour le souper.

» Seul avec ce que j'aimais, je debutai par de tendres protestations ; qui furent reçues avec la sensibilité la plus touchante. Inspirer de l'amour à trente-sept ans, n'est pas une chose si commune qu'on doive en faire peu de cas ; j'étais ravi , comblé. Je n'attendis pas que la Maitresse-de-la-maison me fit des questions à brûle - pourpoint ;

je detaillai tous mes arrangemens à
ma jeune Amante, & me fis un plaisir
de l'inftruire la première, de ce qui l'in-
tereffait plûfque perfonne. Quel delicieux moment ! Il paffe la jouiffance.
Voir un tendre cœur f'épanouir, à-
mesure qu'on ouvre le fien ; voir un
Objet aimé , fuivre avec interêt tout
ce qu'on lui dit ; fourire avec fatiffaction, approuver par un air de complaisance chacun des details où l'on
entre ; voila, voila fans-doute la felicité fuprême pour un homme delicat !

»Cette explication, qui avait précedé
le fouper , le rendit charmant. Mademoiselle Alan m'avait laiffé quelques
inftans , & j'imaginai bien à quoi elle
les employait. La Maitreffe-de-la-mai-
son me fit quelques queftions, mais
en femme deja au-fait , & qui ne demande que des éclairciffemens.

» Je fortis neanmoins de chés l'aimable Alan, beaucoup moins fatiffait qu'on
ne l'imagine. Mon but n'était pas de
l'épouser ; je venais de le promettre,
de

de la tromper ; le remords s'élevait dans mon âme & la dechirait. Mon amour était au comble, aupres d'Alan le plaisir de la voir & de l'entendre, m'avait enivré ; je ne sentais que ce plaisir delicieux : mais après l'avoir quittée, l'ivresse se dissipa. Je versai des larmes, les plus ameres peut-être que de ma vie j'eusse repandues. Cependant, comment faire pour ne la pas tromper? Deja sous l'anathème d'un Pere, devais-je commettre une nouvelle faute? le pouvais je? & pour épouser ma jeune Amante, n'alais-je pas etre obligé de me decouvrir? Ces pensées me plongèrent dans la perplexité la plus cruelle ; je passai une nuit aussi mauvaise, que j'en procurais une bonne à l'aimable Alan.

» Le lendemain, ma passion s'irritant par les obstacles, je cherchai à me soulager en écrivant.

VIme Lettre de M. DE-LA-LOURE à mademoiselle A L A N.

JE ne puis vous voir que ce foir, ma chère Ame : que la jour va me paraître long ! & qu'àuprès de vous, il f'écoulerait avec rapidité ! Mes fentimens étaient bien vifs avant que de vous avoir entretenue ; mais à-préfent, qu'ils le font incomparablement davantage, jugez & de ce que je dois fouffrir loin de vous, & du bonheur que je dois goûter en jouiffant de votre vue, de votre entretien ; en entendant d'une bouche adorée mille chofes obligeantes, que la manière dont vous les dites rend encore plus précieufes, Belle Alan ! je vous ai donc parlé ! eft-il bien vrai, que c'était vous ? un beau fonge ne m'abufe-t-il pas ? Eft-il bien vrai, que vous ayiez laiffé votre main dans les miennes ; que vous m'ayiez permis de la preffer contre mon cœur ? .... Divine Alan, à tout moment, je me demande fi ce n'eft pas une illufion.

Nos commencemens d'aimer, à nous autres hommes, sont bien differens des vôtres ; vous charmez au premier coup-d'œuil, & vous nous avez enflamés long-temps avant que vous ne soyiez sorties de l'indifference : aulieu que les hommes ne peuvent se flater d'être payés de retour, que lorsqu'ils sont bien connus. C'est par vos attraits que vous nous subjuguez d'abord, & vos qualités ne font que la seconde impression : tout l'avantage est de votre côté ; l'attente le travail sont du nôtre : travail ingrat, que le succès ne couronne pas toujours. Que dois-je esperer du mien, mon adorable Amie ?.. Ah ! si le succès doit suivre mes efforts pour vous meriter, jamais homme ne sera plus aimé que celui dont vous êtes adorée.

A neuf heures, ce soir, ma belle demoiselle : & puissé-je retrouver aujourd'hui quelques-uns de ces instans delicieux que vous me fites passer hier !

Je suis avec un respectueux attachement, Votre &c. & fidèle Amant,

DE-LA-LOURE.

» J'envoyai cette Lettredès qu'elle
fut écrite. Le Commissionnaire me
rapporta cette Reponse :

BILLET de mademoiselle ALAN,
    à monsieur DE-LA-LOURE.

*JE suis seule , & j'en profite , pour
vous écrire , que je vous crois bien sin-
cere , bien tendre , bien fidèle ; en-un-
mot , que je vous crois toutes les qualités qui peuvent me rendre heureuse. Je le
crois bien fermement ; comptez là-dessus ,
& sur le cœur de votre fidelle pour la vie ,*
        LOUISE-ELISABETH ALAN.

» Il faut avoir reçu des Billets d'une
Maitresse cherie , pour sentir ce que
j'éprouvai. Je tiens , moi , que le premier Billet tendre d'une femme adorée
vaut la dernière faveur : j'en ai reçu
dans ma vie ; & c'est en tressaillant que
je me rappelle encore la manière dont
j'en fus affecté. Je baisai un million de
fois ce charmant Billet. Dans ce moment, je ne voyais que ma chère Louise;
tout l'univers , toutes les convenances,

tous les obstacles qui nous feparaient
étaient oubliés; je fus heureux,....
plus... d'une heure. Enfuite mes reflexions ordinaires vinrent me replon-
ger dans le caos d'où je ne fesais que
de fortir. Je paffai la journée dans cet
état penible : mais à-mesure que l'inftant f'approchait où je devais aler
chés l'aimable Alan, ma noire melancolie f'éclaircit; elle fe diffipa tout-à-
fait, lorfque je fus à fa porte.

»Je trouvai fa Sœur avec elle : j'en fus
curieusement examiné; je crus m'a-
percevoir, qu'on ne me voyait pas
avec des yeux auffi prévenus que la
belle Louise & fa bonne Voisine : je
mis tous mes foins à gagner cette clair-
voyante Sœur, & j'y reüffis, affés
bien, fur-tout en la reconduisant,
lorfqu'elle f'en retourna. J'eus à-peine
le temps de dire quelques mots à ma
Maitreffe, durant toute la foirée,
tant je fus occupé de fa Sœur : mais
cette conduite avança plus mes affaires, que je ne m'y ferais attendu moi-

même. Le lendemain matin, je reçus ce Billet :

BILLET de mademoiselle ALAN, à monsieur DE LA LOURE.

Je vois bien que je n'aurai qu'à m'applaudir du choix de mon cœur ; & votre conduite d'hier-soir me prouve mieux que tout le reste, que c'est bien veritablement que vous m'aimez : ma Sœur était prévenue contre vous, je ne vous le cache plus ; mais à l'instant même j'en reçois un mot, par lequel elle me marque que je puis vous voir, en présence pourtant de ma bonne Voisine, comme vous la nommez. Adieu, mon aimable Ami : venez à midi ; nous irons dîner chés ma Sœur ; elle vous y invite, & je vous en prie. C'est de tout mon cœur que je vous donne un baiser.

LOUISE-ELISABETH ALAN.

Quoique je n'eusse pas coutume de sortir dans la journée, si ce n'est pour aler me cacher au parterre de quelqu'un de nos Spectacles, je me rendis

à l'invitation dès onze heures. Louise
m'en sut un gré infini. Nous causames
seul-à-seule plus d'une heure : Et la Jeune-personne eut lieu de s'apercevoir
que plûs on accorde à l'amour, plûs
il exige. Je demandai le baiser qui ter-
minait le Billet : On me le donna de
bonne-grâce. J'en pris ensuite deux
ou trois. Je voyais dans les yeux de
Louise qu'elle souffrait de autant à me
refuser, que je souffrais de sa rigueur :
Cependant je ne voulais pas l'effaroucher, quoiqu'on nous laissât très-li-
bres, le gros Mari de la bonne Voisine
n'étant pas encore de retour.

A midi nous partimes pour la rue
de Richelieu, & je pris une voiture.
Un mot dit à l'oreille du vieux coquin
de Cocher decupla, pour le moins, notre course. Oserai-je vous avouer que
j'entrepris de triompher de l'innocence
de Louise? J'employai d'abord les plus
tendres protestations, & beaucoup de
retenue: peu-à-peu les caresses devinrent
plus vives : une fille sans experience est

bien plutôt vaincue qu'une autre : Loui-se alait en fournir la preuve, lorsqu'un sentiment honnête s'éleva du fond de mon cœur. Je me jetai à ses genoux ; ensuite je la pris dans mes bras, je l'y preſſai tendrement, en lui disant : —Mon adorable Amante, pardonne à ma temerité : les desirs qu'inſpirent tes appas, m'ont fait oublier ce que je te dois ; mais ton innocence, ta can-deur, la pureté de ton âme ont rafer-mi l'honnêteté dans la mienne. Chère Elise (je l'appelais quelquefois ainſi) tu as la gloire de m'avoir fait triom-pher de moi-même, & de m'avoir prouvé que le veritable amour eſt la ſauve-garde de la vertu—. Des larmes accompagnaient ces excuses. Mais la faute était pardonnée dès le temps où je la commettais. L'aimable Alan, charmée de ma ſenſibilité, me fit de nouvelles proteſtations de m'aimer toujours.

» Je fus très-bien reçu de ſa Sœur, & je continuai à me bien mettre dans ſon

esprit , enflatant fes goûts & quelques
ridicules favoris. De temps en-temps
Louise fouriait , & me temoignait fa
fatiffaction en mille manières. Je la
trouvai fi jolie , fi tendre , que je me
repentis de la generosité que j'avais
eue , & que je me promis de mettre
l'avanture à-fin, lors de notre retour.
Mais la Jeune-perfonne, malgré qu'elle
m'aimât , & qu'elle m'eût pardonné,
avait fenti le peril ; elle ne voulait plus
f'y exposer; elle me donna le bras ,
& me dit que nous nous en retourne-
rions à piéd. Nous traverfames le
Palais-Royal , où nous fimes quelques
tours ; & j'eus le plaisir d'y voir admirer ma Maitreffe. Mon ivreffe en
augmenta de moitié; il femblait que
le fentiment de ma vanité fatiffaite ,
eût étouffé jufqu'à mes desirs. Je revins chés elle le plus content & le plus
glorieux de tous les hommes. Charmante fituation, fi elle avait pu durer !
Mais à-peine l'eus-je quittée, que ce
fut comme la veille. J'alai jufqu'à me

repentir de l'avoir connue , & à me proposer de rompre avec elle. Faibles resolutions qui se dissipaient avec les vains fantômes de la nuit !

» Huit jours s'écoulèrent, sans qu'on me pressât trop d'en venir à une conclusion ; l'on voulait connaître mon caractère. On ne pouvait manquer d'en être content ; un Amant qui commence d'aimer est toujours aimable. Durant cet intervale , je me trouvai seul avec Louise , & j'en étais revenu à mes attaques : elle s'était vivement defendue ; mais sans me bouder : un mariage aussi proche qu'elle croyait le nôtre , lui fesait tout excuser. Un-soir une legère indifposion l'avait obligée de se mettre au lit de bonne-heure : j'ai souvent éprouvé qu'une maladie legère , a le même effet qu'une pointe de vin; elle irrite les esprits , & rend plus tendre. La Voisine m'introduisit , & demeura quelques momens avec nous : mais il lui vint quelqu'un , elle nous laissa. Son gros Mari n'aurait pas man-

qué de la remplacer, s'il avait été
rentré; heureusement il ne l'était point
encore. Je ne tardai pas à m'éman-
ciper: Louise était presque sans defense; elle était femme, & tendre;
elle tolera beaucoup, & j'augurai de-
là que j'obtiendrais bientôt le point
essenciel.

Le lendemain elle se portait mieux;
je trouvai sa Sœur auprès d'elle. La
Maitresse-de-la-maison, de concert
avec cette Dame sans-doute, commença de me mettre sur le chapitre
important. Je n'eus garde de faire la
sourde oreille: je parus le plus empressé: je demandai jour dans la semaine
suivante pour dresser les articles. On
prit le lundi, comme le plus proche.
Il ne me restait devant moi que quatre jours: je resolus de les employer
efficacement, pour determiner Louise
à se laisser enlever. Mon Roman était
tout-prêt; je devais me dire Cheva-
lier-de-Malte, &c.

Au premier moment où nous fu-

mes feuls, je mis fa tendreffe à la dernière épreuve ; tout me favorisait, &
je triomphai. Mais il faut vous avouer,
qu'après les premiers tranfports d'une
jouiffance delicieuse, j'éprouvai tout
ce que la douleur & le remords ont
de plus amèr. J'aimais Louise ; je
l'aimais fincèrement, & je venais de
lui ravir ce qu'elle avait de plus précieux ! Je n'étais qu'un vil feducteur...

»Une première faute dans une Fille,
eft la préparation à mille autres. Le
lendemain de la fienne, Louise ne put
me favoriser, & le furlendemain, elle
confentit à venir dans ma chambre
à la faveur d'une demi-douzaine de
menfonges qu'il falait faire pour cela.
Sa présence diffipait toujours mes remords ; en la voyant, je n'étais plus
qu'à l'amour, & je me livrai à tout ce
qu'il m'infpirait. Ce fut-là proprement
ment la première fois que je la pof-
fedai. Je n'irai pas vous peindre cette jouiffance, & tremper ici mes
pinceaux dans les couleurs cyniques

de l'Aretin. Qu'il vous suffise de savoir que la beauté de Louise était
parfaite , & qu'elle poussa la complaisance aussi loin que je le voulus.

» Plûs je trouvais de facilité dans
mes plaisirs , plûs je negligeais les
précautions ; & moins aussi la tendre
Alan savait s'obferver. Le soir , son
Amie nous surpris dans une situation ,
qui sans être clairement indecente ,
paraissait très - équivoque. Je m'a-
perçus qu'elle fesait un signe à Louise , qui rougit , & la suivit dans une
autre pièce , où j'entendis qu'on la
grondait. Le jour suivant, le Frère de
ma Maitresse arriva : c'était le lundi
qu'on avait designé pour les articles.
Louise vint me voir le matin pour
m'en prévenir. Je les apportai re-
digés. Ils furent aprouvés de toute
la Famille de Louise ; & cette Jeune-
personne se croyant deja mon épouse , se permit de me dire devant tout
le monde les choses les plus tendres.

» Je passai la nuit suivante dans une

fecurité profonde : tel eft ce calme parfait des mers , qui précède l'orage & la tempête. Le lendemain , je me fentis quelques inquiétudes fourdes , que je ne regarde pas comme des préfentimens ; était-il befoin d'en avoir, dans la position où je me trouvais, pour éprouver de l'agitation? J'alai chés mademoiselle Alan une heure plutôt que je n'étais attendu. A mesure que j'approchais, il femblait que mon affurance m'abandonnât : une certaine defiance me fit monter avec précaution. Elle ne me fut pas inutile : j'entendis beaucoup de bruit chés la Voisine de ma jeune Maitreffe ; & la voix tonnante du Maître-de-la-maison , prononça très-diftinctement ces paroles : —*Je l'avais bien penfé , moi, que c'était un fripon*—. Ce mot fit bouillonner mon fang , & je fus prêt d'entrer pour en punir l'Auteur ; mais outre qu'il était chés lui, je fis reflexion , que je m'attribuais peut - être à tort cette énergique qualification. Après un murmure confus de de plusieurs voix, auquel je ne pus rien comprendre, j'entendis venir du côté de la porte : je montai legèrement à l'étage d'audeſſus, d'où, quand on ouvrit, j'aperçus ..... Louise, ma chère Louise, en larmes, les cheveux épars, le visage enflamé, comme celui d'une perſonne qu'on a maltraitée, aux genoux de ſon Frère & de ſa Sœur. J'entendis que le premier lui diſait : Oui, nous le connaiſſons, ce Miserable : c'eſt l'indigne fils d'un homme reſpecté ; il ſ'eſt deja marié comme il voudrait faire avec vous ; ſa Femme en fut abandonnée (après que le mariage eût été caſſé) d'une manière qui revolta ſon propre Père, qui depuis ce moment a pris ſoin de cette Infortunée. Il vit loin de ſes Parens, ignoré d'eux, ſans en rien recevoir ; peut-être d'indignes moyens, ... le font ſubſiſter—. En voyant Louise en pleurs, à genoux, j'avais ſenti un mouvement de fureur ſi violent, que j'alais me précipiter dans la chambre : le difcours de fon Frère en fufpendit l'effet, en fixant mon attention. Mais à peine eut-il fini, que je m'élançai comme un lion au milieu de l'affemblée——. Non, m'écriai je, non, mon adorable Épouse (je pris Louife dans mes bras); non, ne croi pas les indignités dont me charge ton Frère : ma fortune eft telle que je te l'ai dit; j'expliquerai comment je me la fuis procurée. Et quant à ma fuite; quant à mon éloignement de mes Parens (que je refpecte & que j'honore), il eft fondé fur des raisons qu'eux-mêmes ne pourront desaprouver. Oui, j'en attefte ici le Ciel, tu feras ma femme, & tu partageras une fortune bien au-deffus de celle à laquelle tu t'attendais; je faurai flechir un Père & une Mère fenfibles. Quant à l'article de ma première femme, eux-mêmes fauront bientôt ce qui me l'a fait abandonner à fon fort, & ne me condanneront plus.... Ma chère Louife, je

vous

vous adore, & je fuis à vous pour jamais—. Je la relevai, l'embraffai deux
fois ; & mettant fièrement mon cha-
peau, je regardai le Frère & le gros
Voifin : —Quant à vous, meffieurs,
vous me feriez raison de vos propos,
& de ce que je vois, fi vous étiez indifferens à celle qui m'eft plus chère
que la vie—. Louise me tenait la main :
je la fentais trembler. —Qu'avez vous
donc fait à cette aimable Enfant ,
ajoutai-je ? Elle eft toute meurtrie !
Grand-Dieu ! . . . . Vous n'êtes ni fon
père , ni fa mère , vous n'êtes qu'un
Frère & une Sœur barbares : je l'en-
mène ; & fi quelqu'un de vous ôsait....
Je tirai mon épée , & prenant Louise de l'autre bras , je fortis avec tant
de promptitude , leur étonnement
était fi fort , ma legèreté fut fi grande
avec ce précieux fardeau , que
j'étais deja dans la rue , lorfque je les
entendis tous f'écrier , & fe mettre en-
devoir de courir après moi.

» Il fesait nuit. Je connaiffais dans le

voisinage une de ces maisons qui ont deux issues par des rues differentes ; je m'y précipitai ; je passai rapide-ment , & me jetai dans une autre maison vis-à vis, après avoir eu l'at-tention de faire marcher Louise pour traverser la rue. Une voiture de pla-ce se trouvait-là dans le moment ; je priai si chaudement un Monsieur & une Dame qui étaient dedans, de nous y recevoir , qu'ils y consentirent. Peu m'importait où j'alasse , pourvu que ma Maitresse évitât ses rigoureux Parens. Lorsque les Personnes qui nous avaient donné place furent à leur destination , elle eurent la poli-tesse de nous laisser la voiture , & j'alai cacher ma jolie Proie dans un hôtel-garni de ma connaissance. Dès la même nuit, je quittai l'appartement que j'occupais , & je fis transporter mes meubles dans un autre que j'avais arrêté depuis quelques jours. Le lendemain, j'y conduisis Louise , & nous voila dans notre petit ménage, beaucoup plutôt que nous ne penſions.

» Il faut convenir ici que, pour que les choses m'euſſent reüſſi comme je viens de le dire, il falait que ma ſubite apparution eût petrifié tous ceux qui environnaient mademoiſelle Alan, & que la fermeté de mon diſcours ne leur eût pas donné le temps de ſe raſſurer : D'ailleurs, mon action était ſi peu prévue de leur part, (& de la mienne), qu'en la voyant, ils ne la croyaient pas encore : ce ne fut guère qu'en m'entendant gagner la rue, ſans que Louiſe parût ſ'y oppoſer, qu'ils comprirent que la choſe était ſerieuſe. Quoi qu'il en ſoit, l'enlèvement ſ'effectua, & je doute que le Frère de Louiſe & gros Voiſin euſſent pu l'empêcher.

J'ai ſu par la ſuite, que le Peintre, frère de ma Maitreſſe était connu chés mes Parens, qui l'avaient employé à retoucher quelques tableaux précieux : qu'en me voyant, lorſque j'avais apporté les articles, il avait

été frappé de ma reſſemblance avec
un Fils de madame D'Yran : qu'a-
près que je les eus quitté , il avait été
à l'hôtel De *** pour ſ'inſtruire,
& qu'il avait appris par les Genſ de
mon Père une partie de ce qui me
concernait ; que ſur - le - champ il
avait été pour me trouver à ma demeure , où ſ'étant informé de mes actions , il avait decouvert par quelqu'un de la maison , qu'une Jeune-perſonne qu'on lui depeignit, & qu'il reconnut pour ſa Sœur , était venue me
voir deux fois: qu'il ſ'en était retour-
né furieux , & qu'en entrant il avait
traité Louise fort mal : que la Voisine entendant le bruit qu'il fesait ,
était accourue, & qu'il l'avait apoſtro-
phée , en lui disant, qu'elle avait favorisé un Avanturier dangereux : que
cette Femme honteuse d'avoir été ſi facile , avait reproché à Louise ce qu'elle avait vu l'avant-veille ; & que là-
deſſus la Sœur de ma Maitreſſe étant
entrée , elle avait mis la Jeune-per-

sonne dans l'état où je l'avais trouvée. J'étais arrivé dans ces entrefaites,
& vous sçavez ce que je fis.

» Je ne saurais vous exprimer combien de desagremens cette avanture
me causa. Mes Parens me firent chercher : Louise ne pouvait sortir, ni
moi non-plus ; nous n'òsions pas
même nous mettre à la croisée ; ou si
nous le fesions quelquefois, c'était
au milieu de la nuit. Nous attendions
neanmoins avec patience que le premier feu des recherches fût passé.

» Pendant ce temps-là , Louise devint enceinte & malade ; je la vis
languiffante jusqu'à son terme. Autre
embarras pour l'Enfant ; je craignis
d'inscrire le nom de ma Maitreffe &
le mien aux regîtres de la Paroiffe ;
j'en donnai d'autres. Ceci me fit une
affaire ; parce que j'avais encore un
nom different à ma demeure. Je me
vis obligé de changer précipitamment
d'habitation , avant que Louise fût
retablie. Tous ces petits desagremens

n'étaient rien , auprès de la crainte de perdre cette chère Amante; nos beaux jours, les jours de nos plaisirs étaient changés en leurs contraires : une maladie causée par son lait , detruisit une partie des charmes de Louise ; & les caresses mutuelles nous furent interdites. Si j'avais eu ce tableau sous les yeux en commençant à l'aimer, il n'aurait pas été seduisant. Enfin , nos maux parvinrent à leur comble. Louise était convalescente, & je lui fesais prendre l'air tous les soirs sur le boulevard. Nous fumes reconnus de quelqu'un sans - doute , qui nous suivit à notre demeure. Au milieu de la nuit , on vint assaillir notre appartement : Louise effrayée, entendit la voix de son Frère , & s'évanouit. La fureur me saisit ; au lieu de la secourir , je me levai, & j'alai me présenter à la porte, armé de deux pistolets , & d'une épée. On l'enfonçait. A la première ouverture, je tirai un de mes pistolets , & je blessai deux hommes. Le second fit encore plûs, il culbuta le Commiſſaire, le Frère de Louise & le gros Voisin. Je fondis l'épée à la main ſur le reſte de la canaille, & la diſperſai. Heureuſement je n'avais tué perſonne ; & les Bleſſés criaient qu'on me laiſſât, pour leur aler chercher du ſecours. On les emporta, & moi, j'enlevai une ſeconde fois mon Amante. Mais dans quel état ! Elle repris ſes ſenſ, à quelque diſtance de la maison, & ſe croyant au pouvoir de ſon Frère, elle fit un cri perçant : je me hâtai de la raſſurer, & je gagnai le même hôtel où je l'avais depoſée lors de notre fuite. Ce fut-là que j'eus la douleur de la voir expirer dans mes bras, en me donnant les noms les plus tendres, qui dans ce moment ne fesaient que dechirer mon cœur.

» Ce malheur m'accabla. J'avais près de quarante ans, & je me trouvais privé de celle avec quî je comptais couler le reſte de mes beaux jours. Le fruit de tant de peines, de tant de foins était perdu en un moment. Plus de félicité pour moi (m'écriai-je), j'ai paffé l'âge d'être aimé ; je l'étais ; & jamais je ne trouverai de cœur comme celui de ma chère Louise.——

» Ce n'était pas tout : j'avais été obligé de me fauver , & je ne pouvais retourner prendre mes meubles ni mes habits ; à-peine avais-je eu le temps de me munir d'un peu d'argent qui me reftait & de mes bijoux : je me trouvai donc fort à l'étroit, la longue maladie de Louise m'ayant obligé d'anticiper fur mes revenus. Je pris le parti de me retirer dans un petit appartement au fauxbourg Saintmarceau , chés une femme honnête & pauvre , qui demeurait à un quatrième étage. C'eft dans ce reduit que j'ai trouvé le bonheur dont je jouis actuellement ; & c'eft auffi , monfieur , ce qui me refte à vous detailler.

» Quatre inclinations principales (fans compter les intermèdes) avaient paragé ma vie ; aucune ne m'avait procuré
curé

curé qu'une félicité fragile & momentanée ; des plaisirs que le remords avait suivis , & non le bonheur que je cherchais. Cependant , je sentais encore mon cœur; le vide lui était mortel ; & je ne voyais pas que je puffe le remplir. Je fus plusieurs mois à y rêver ; cette occupation fut même comme un avantgoût de l'agreable situation où j'alais entrer, par l'amusement qu'elle me procurait. Enfin, un-jour, après avoir digeré quelques idées fort heureuses qui m'étaient venues , je pris la plume , & je mis fur le papier un Plan que nous pourrons lire une autre fois.

» Il f'agiffait de realiser ce Plan. Mon Hôteffe était bellemère des deux Enfans beaux comme l'amour : elle venait de perdre leur Père ; & fa tendreffe pour les deux Orfelins ayant été le motif de fon mariage , elle continua de prendre d'eux tous les foins d'une bonne Mère. Elle avait été l'intime Amie de celle des deux Enfans

(c'était un Garſon & une Fille), qui,
en mourant , les lui avait recomman-
dés. Le Jeune-homme avait quatorze
ans ; je le placai chés un Horloger :
la Fille en avait douze , & dans le
temps de mon entrée chés ſa Bellemère , elle était à la communauté de
Sainte-Aure , auprès de ſa Mareine ,
qui voulait contribuer à ſon éducation. Comme je roûlais mon projet
dans ma tête depuis quelque temps , je
commençai par ſonder la Bellemère.
C'était une Femme bornée , du côté
de l'eſprit , mais dont le cœur était
excellent. Je lui detaillai quelques-
unes de mes vues ; elles les goûta ,
parce qu'elles étaient honnêtes ; & je
la prévins que je voulais voir la jeune
Theodore à la première visite qu'elle
lui rendrait , ſans en être vu.

» Rien n'était plus facile : je me
tins dans ma chambre , après avoir fait
les diſpositions convenables. Theodore parut : je ne vous la peindrai pas;
vous venez de la voir : au charme

de la jeuneſſe, au teint de rose &
de lis, à la taille la mieux prise, à
la perfection de tous les autres appas,
elle joint une douceur de caractère capable ſeule de la faire adorer. La
voir, & me decider ne fut qu'un.
J'attendis ſon depart avec autant d'im-
patience que j'avais desiré ſa venue.
Cependant le temps était bien employé; la Maman parla de moi comme d'un homme aimable, honnête,
qui cherchait une Jeune-perſonne capable de faire ſon bonheur. Elle vanta
mon caractère, dit quelque chose de
ma fortune (conſiderable à ſes yeux);
en-un-mot, elle excita dans Theodore un desir fort vif de me voir.

» Lorſque cette aimable Perſonne
fut partie pour retourner auprès de ſa
Mareine, je ſortis de ma chambre, &
j'achevai de detailler mes projets à
la Bellemère. —Vous ne quitterez
pas votre Fille (lui dis-je) un ſeul
inſtant; mais vous me laiſſerez maître
des moyens de me faire aimer. Je

veux l'être ; & je n'ai pas la présomp-
tion d'abandonner cet ouvrage à la
nature. Je ne suis plus dans l'âge de
plaire à une Fille aussi jeune que la
vôtre, autrement que par les qualités
& le merite qu'elle me trouvera. Tra-
vaillons de concert ; creons une illu-
sion charmante, qui le rende heureuse
autant que jespère de l'être par elle.
Lorsqu'elle en sera au point où je la
desire, je veux l'épouser , & lui donner tout ce que je possède—. Ma bonne
Hôtesse m'embrassa dans le transport
de sa joie ; elle me promit de se confor-
mer scrupuleusement à tout ce que je
lui voudrais prescrire. —Je m'en rap-
porte à vous, monsieur (ajouta t-elle) :
un homme-de-bien tel que vous êtes,
ne peut abuser de la simplicité d'une
pauvre Veuve & d'une jeune Orfe-
line ; & vous avez trop d'esprit, pour
que je reflechisse après vous—.

„ Voila le caractère qu'il faut pour
une Gouvernante , en cette occasion.
Je louai tout aussitôt l'apartement où

nous voici ; je le diſposai comme vous voyez , & d'après mes con-ſeils, la bonne Wallon (c'eſt le nom mon Hôteſſe) reprit Theodore avec elle , ſous prétexte d'avoir besoin de ſes petits ſervices. Je fus cenſé abſent, lors de ſon arrivée : mais de mon pré-tendu ſejour à la campagne , j'écrivis les Lettres les plus touchantes qu'il me fût poſſible , pour une Jeune-perſonne de l'âge & du caractère de Theodore , à qui les moindres dou-ceurs paraiſſent des merveilles.

» L'ameublement , ſans être ma-gnifique , ſurprit l'aimable Wallon : ſa Bellemère attendait qu'elle le temoi-gnât , pour lui parler de moi.

» Ce qui m'avait embaraſſé d'abord , c'était ce que nous dirions , pour au-toriser mon éternelle abſence : Theo-dore était innocente , naïve ; mais ce n'était pas une ſote. Après de mures reflexions , voici ce que j'imaginai , pour moi, & pour tous ceux qui voudront user de ma methode. C'eſt la bonne Wallon qui va donner cette explication à fa Fille.

» —Celui qui vous recherche, & qui veut faire votre bonheur, ma chère Theodore, eſt un homme de merite & d'eſprit; vous l'avez bien vu par les Lettres qu'il vous a écrites: mais il a une fantaisie, qu'il faudra lui paſſer. —Eh! qu'eſt-ce donc, maman? —Elle eſt des plus ſingu-lières, ma fille, & je crains qu'elle ne vous offuſque. —Mondieu! vous me faites trembler! —Imaginez, mon enfant, ce qui vous deplaîrait davan-tage; c'eſt peut-être pire que tout cela.... —Maman (repondit Theo-dore après avoir reflechi) je n'ima-gine rien.... Mais c'eſt donc une chose bien terrible! —Ma chère Theo-dore, il ne veut pas être vu de vous. Il vous parlera quelquefois, vous ſerez auprès de lui, mais dans l'obſcu-rité. —Dans l'obſcurité! —Oui une obſcurité parfaite. —Et vous y ſerez auſſi? —Je ne te quiterai jamais, ſois

en sûre, ma chère Fille. Cependant, tu
pourras quelquefois le voir de loin,
bien loin, & seulement pour en avoir
une legère idée. —Et pourquoi donc
cette bisarrerie-là, maman? —Ah!
ma Fille, je t'ai dit exprès que c'était
une singularité; mais c'était pour voir
ce que tu penserais : cette conduite
extraordinaire, & non bisarre, est
fondée sur des raisons de la plus
grande consequence. Ta Mareine
t'a raconté l'histoire d'un homme qui
avait toujours un masque-de-fer (2) ?
—Oui, maman. —Eh-bien, ton Prétendu, lui, est forcé d'être masqué,
non pas toujours, ni devant tout le
monde, mais seulement avec la Personne qu'il doit épouser. —Ah! maman, pourquoi donc ? —Tu lisais
hier l'histoire du visir Giafar, de la

____

(2) On trouve dans l'*Année-Litteraire* differentes Lettres, sur l'*Homme au masque-de-fer*,
qui contiennent toutes les decouvertes que l'on
a faites jusqu'à-présent à son sujet : on peut y
recourir.

famille des Barmecides, & de la Sœur du Calife Aroun-Al-Raschid (j'avais procuré ce Livre)? —Oui, maman! —Tu te souviens bien que ce Calife ne voulait pas... —Oh! oui; mais on lui permettait de la voir; & je n'en demanderais pas davantage. —Pour revenir à ton Prétendu, mon enfant, il est soumis à un ordre du Roi, pour une faute involontaire qu'il a faite; & cet ordre lui defend, s'il veut se marier, d'être vu de celle qu'il aura choisie pour en faire sa femme, sous peine d'être renfermé tous-deux pour leur vie; lui, dans un cachot; sa Maitresse dans une maison-de-force; parce qu'on présume que c'est elle qui l'aura demandé. [Vous sentez combien il falait que Theodore fût innocente, pour que je hasardasse de faire tenir avec elle un semblable langage!] Mais ma chère Fille (continuait la bonne Wallon) tu pourras voir son portrait; tu pourras entendre chanter ton Amant, ou ton Mari; il pourra te faire les caresses qui vous feront permises après le mariage ; enfin tout, hors de se laisser voir : & pour cela, il a toujours un Espion qui le suit, & dont il n'òserait se defaire : cet Espion prend toutes sortes de formes ; tantôt en homme, tantôt en femme, il se cache de ton Prétendu lui-même, pour tâcher de le surprendre. Le but qu'on a eu, par cette defense, est de l'empêcher de trouver à se marier ; n'y ayant guères de femme assés genereuse en vers l'homme le plus aimable, pour vouloir l'épouser sans le voir, ni avant, ni après. Et quand il y en aurait parmi ses connaissances, dès qu'on sait qu'elles l'ont vu, elles ne peuvent prétendre à devenir son épouse. Sans cela, ma Fille, un aussi bel homme n'aurait-il pas deja trouvé vingt femmes aulieu d'une, non-seulement dans sa condition, mais dans celles audessus ? ——En-effet, Maman, ne le pas voir ! ——Oui, mais l'entendre, voir son portrait, recevoir les careſſes d'un homme ſi tendre pour toi, qu'il donnerait ſa vie pour te rendre heureuse. —Il eſt vrai; c'eſt bien flateur ! —Tiens, veux-tu voir ſon tableau? —Ah ! voyons, maman ! —Le voici. —Le joli homme ! —Trouves-tu, ma chère Theodore ? —Oh ! que je l'aimerais, ... ſi...je pouvais le voir ! –Je ne te cacherai pas qu'il eſt de retour d'hièr, & qu'il t'a vue ce matin. —Il m'a vue ! ah ma Bonne !.. Et où-donc ? —Ici : en tirant le cordon de ta ſonnète, il va m'entendre, & chanter l'ariète que tu voudras. —Que je voudrai ? ... Eh-bien, qu'il chante

Peut-on affliger ce qu'on aime— !

Dès qu'elle eut prononcé ce vers du *Deserteur*, je préludai, en m'accompagnant d'un luth. Theodore fit un cri de ſurprise & d'admiration. J'ai la voix belle ; j'étais dans une chambre ſonore ; je chantai de mon mieux, & le plus tendrement poſſible. J'entendis la belle Theodore ſ'écrier :

——Ah! maman, je vous promets de l'aimer de tout mon cœur. Eh! pourrait-on n'être pas charmant, quand on chante avec autant d'âme, & d'une manière si touchante——!

» A compter de ce moment, je suis aimé de Theodore. Pour entretenir le charme qui m'a donné son cœur, j'emploie tous les jours des moyens nouveaux : mille petits soins, mille petits présens, qui n'épuisent cependant pas ma bourse. Nos entretiens, quoique *tenebreux*, ont toute la vivacité & tout l'enjoûment qu'on peut imaginer. Ils en ont même plûsque s'ils étaient éclairés, parce que Theodore est plus libre, & qu'elle contraint moins ce rire charmant dont mon imagination ne perd rien.

» L'un de ces jours, ayant aperçu à quelque distance un jeune Mousquetaire, de la plus agreable figure, & qui reunissait les grâces d'Adonis, à la noble fierté d'Achille, j'avertis la bonne Wallon, par le moyen d'un cordon dans la boucle du quel elle met le doigt, aux heures où il eſt convenu que je verrais Theodore : elle le fit remarquer à ſa Fille à travers les jalousies ; & dès que celle-ci l'eût vu , la Maman tira un rideau de gaze , & la fit éloigner , en lui disant , que c'était moi. La Jeune-perſonne , qui avait à-peine entrevu ce joli-homme , en avait aſſés remarqué pour le trouver charmant , mais pas aſſés pour le reconnaître. Or cette manière de voir à demi n'eſt pas la moins efficace pour charmer , comme vous le ſavez, mon ami.

» Il ſuffirait de ſuivre ce regime pour être aimé conſtamment, & pour aimer de même (la reserve que l'on eſt obligé de ſ'imposer retenant l'amour au-deſſous de ſon dernier periode). L'on pourrait alors épouser, & continuer cette marche juſqu'à l'âge où les femmes doivent ceſſer d'être volages. Mais j'ai eu plûs de bonheur ; mon Père & ma Mère ſachant que j'exiſtais , & ne connaiſſant pas mes moyens de ſubſiſtance , ont fait remettre une ſomme conſiderable à un Homme public , avec ordre de la donner à quiconque ſe préſenterait avec ma ſignature , ſans aucune in- formation : ces reſpectables Parens aimant mieux ſ'expoſer à êtres dupes d'un Fripon , que de manquer à me ſecourir. J'ai fait toucher cette ſom- me , & j'en ai conſtitué à ma Theo- dore une rente foncière , égale à mon propre revenu. Ce trait de generoſité me l'attache encore davantage. Mon amour pour elle a été juſqu'à-préſent très-platonique ; mais je vous avoue- rai que je me ſurprens quelquefois dans le deſir de le faire changer de na- ture ; & je craindrais d'y ſuccomber , ſans les précautions que j'ai priſes contre moi-même , de-concert avec l'honnête Wallon , qui ne ſerait pas femme à favoriſer le deshonneur de ſa Bellefille.

» Voila mon hiſtoire , juſqu'au mo-

ment actuel. Vous voyez par la confidence que je viens de vous faire,
quelle eſt ma façon-de-penſer : avec
de pareilles diſpositions , pouvais-je
prendre une route plus ſûre que celle
que j'ai tenue, pour arriver au bonheur» ?

CE recit ne me laiſſait plus de doute; c'était le Chevalier d'Ingolſtadt qui venait de me parler. Comme je l'ai dit précedemment, l'extrême delicateſſe de Placidie l'avait portée à l'éloigner de moi de fort bonne-heure; deſorte qu'il n'était pas extraordinaire que j'en fuſſe meconnu, changé par l'âge comme je devais l'être. Cependant je me gardai bien d'en temoigner quelque chose: je retrouvais le Fils de mon Épouse; mais c'était un homme que l'âge avait affranchi, dumoins en partie, de l'autorité que Placidie & moi nous avions ſur lui; c'était un homme dont il m'importait d'éclairer & de ſuivre les demarches, autant pour l'interêt & l'honneur de ma famille, que pour travailler à ſon bonheur d'une manière efficace.

Il m'avait été fort aisé de voir, par ſes Avantures, qu'il avait des vues ſingulières, & que c'était l'eſprit de

Deſchamels qui animait encore ſon Petitfils. J'inſtruisis mon Épouse avec précaution , & j'eus ſoin de moderer l'empreſſement avec lequel cette tendre Mère voulait aler ſe jeter dans les bras d'un Fils qu'elle avait longtemps pleuré. Ma Fille, qui dans l'âge où l'on ne plaît que par les qualités, conſervait encore par ſes charmes une auguſte Conquête , temoigna la joie la plus vive, en apprenant que j'avais retrouvé ſon Frère : elle me pria de lui offrir de ſa part un établiſſement avantageux.

Dans la diſposition d'eſprit où je ſavais le Chevalier, ce n'était pas le moment de le reconnaître , ni de lui faire des propositions de ce genre. Je voulus continuer quelque temps à le voir comme ami, & me donner à ce titre, un credit ſuffisant. Dans une ſeconde entrevue, il continua de m'inſtruire des effets de ſon *Secret d'étre heureux*. Je lui demandai ce qu'il voulait decidément faire de Theodore ?

Ma,

Ma queſtion parut l'embaraſſer. Il ſe remit neanmoins auſſitôt, & me dit en ſouriant, qu'il ſ'attachait tous les jours davantage à cette aimable Fille; mais qu'il ſemblait que le feu de l'amour épurât ſon cœur.

Ce fut un nouveau motif pour me determiner à differer; je voulus voir ce qu'il ferait de lui-même. Cependant, afin de ne rien laiſſer au hasard, il me vint en penſée de lui vanter le caractère aimable de ma Bru, & la douceur de ſa ſociété, pour exciter en lui le desir de la connaître, & de me rendre visite. Je ne reüſſis pas dans ce projet. Alors j'employai toute mon adreſſe pour avoir accès chés Theodore, & penetrer ſes diſpositions. Après diverſes tentatives inutiles, je pris la resolution de me préſenter tout-unîment, & de demander un entretien à la Mère de cette Jeune-fille. Il me fut accordé. Je trouvai une Femme ſimple, honnête, quoiqu'un-peu intereſſée. J'entrepris, pour la ſonder, de

la mettre fur le compte du Chevalier :
mais j'eus lieu de m'en repentir ;
fur-le-champ elle s'anima, & me parla d'une manière affés dure, pour
m'obliger à me decouvrir : —C'eſt
mon Fils, lui dis-je d'un ton d'autorité : je veux connaître fa conduite—.
Tremblante à ces mots, la bonne
Wallon demeura muette d'étonnement. J'adoucis auſſitôt mon air, &
j'achevai ma confidence, en lui disant,
que je ne voulais que le bonheur du
Chevalier ; & que fi Theodore pouvait le faire, je n'y mettrais que des
conditions auſſi honorables qu'avan-
tageuses pour elle. Ce difcours toucha vivement la Wallon : —Ah monfieur ! (f'écria-t-elle) un fi grand bonheur ferait-il fait pour ma Fille ! oui,
je vous regarderais comme un Ange
de Dieu, fi le mariage pouvait auto-
riser un commerce qui, tout innocent
qu'il a été jufqu'à-présent, m'a donné
bien des inquiétudes ! —Il faut me
feconder, repris-je, & faire exacte-

ment tout ce que je vous dirai. Je fais où eft actuellement le Chevalier ; faites-moi voir Theodore—? Elle hefita quelques inftans, & finit par me refufer ; mais à des excufes mille-fois repetées elle ajouta , qu'elle ne doutait pas de ce que je venais de lui dire, & qu'elle efperait de moi, qu'avant d'exiger qu'elle me montrât fa Fille (contre les fermens qu'elle avait faits), je voudrais bien lui donner tous les moyens poffibles de f'affurer que fa bonne-foi n'était pas furprife. —J'ai pour vous , monfieur (continua-t-elle) toute la confiance que vous meritez ; mais je fouhaiterais , pour être parfaiment tranquile avec moi-même , pouvoir me dire , que je n'ai pu douter—.

J'approuvai fa delicateffe , qui augmentait la confiance que j'avais prife dans fon caractère ; & je l'invitai à monter dans ma voiture , pour venir chés moi. Elle accepta , fans balancer ; & nous partimes , après qu'elle eut passé quelques inftans dans la chambre de Theodore.

Je crus devoir profiter de cette occasion, pour reveler à mon Épouse & à ma Bru ce que je favais du Chevalier. A-la-verité, je ne leur peignis fes difpositions qu'en beau : je crus devoir ce mènagement à une Mère trop fenfible ; en-même-temps que je voulais préparer ma Bru à prendre pour fon Beaufrère des fentimens avantageux. Enfuite je leur préfentai la dame Wallon, & ce fut de fa bouche qu'elles apprirent ce que j'avais negligé de leur dire.

L'on ne faurait exprimer quelle fut la furprise & la joie de Placidie. De-concert avec madame D'Yran notre bellefille, il fut resolu qu'on enlèverait Theodore au Chevalier, & qu'on la garderait avec nous, fuppofé qu'elle le meritât. L'on fit approuver ce parti à la bonne Wallon.

Durant cet entretien notre Petitfils était préfent. L'on ne penfa guère à deguiser, devant un Jeune-homme qui n'avait encore donné que des marques de moderation, ce qu'on se proposait d'executer le soir même. J'avais fait un portrait de Theodore conforme à la verité; le nom de la rue n'avait pas été omis. Le jeune D'Yran, d'un air animé, s'approcha de la Wallon, & lui fit une question qui nous étonna : —Vos fenêtres (lui dit-il) ne sont elles pas garnies en-dedans d'un treillage doré—? On lui repondit qu'il était vrai. Le Jeune-homme ne repliqua rien, & demeura pensif durant tout le reste de la conversation.

Lorsque tout fut convenu, Placidie & madame D'Yran remenèrent la dame Wallon; tandis que de mon côté, j'alai trouver le Chevalier, pour l'éloigner de chés lui. Je n'eus pas de peine à y reussir : nous alames aux *Français*, où l'on donnait une representation de *Warwik*. Après la pièce, il me quitta précipitamment, comme s'il avait eu quelques inquiétudes. La situation où je le vis, quoiqu'il ignorât encore ce qui l'attendait, me toucha sensiblement, & je fis tous mes efforts pour l'accompagner. Mais il m'échappa. Je me rendis aussitôt chés moi, pour savoir ce qu'on avait exécuté; me proposant de voler aussitôt chés le Fils de Placidie, pour l'aider de mes consolations, & de tout ce que peut l'amitié.

En entrant dans l'appartement de mon Épouse, j'eus un spectacle qui me surprit étrangement : Placidie & madame D'Yran la jeune étaient assises, les yeux élevés vers le Ciel, avec tous signes de l'étonnement : le jeune D'Yran était aux genoux de sa Mère, & tenait une de ses mains, qu'il joignait avec celle de Theodore, qui était encore debout, les yeux baissés & presque tremblante. La bonne Wallon était derrière sa Fille, & paraissait la soutenir. Ma présence encouragea mon Petitfils. Il se leva précipitamment & vint se jeter dans mes bras, en

me disant : —Mon Papa , mon Papa !
fauvez-moi la vie ! Mon cher Papa ! mon fort eft entre vos mains —!
Surpris de ce langage , où je ne com-
prenais rien , j'en demandai l'explication.

Ma Bellefille prit la parole. —Je
crains bien (me dit-elle) que nous
n'ayions fait une imprudence : D'Yran
eft amoureux de Theodore depuis fix
mois. Il ne l'avait vue qu'à-demi ; il
la croyait mariée: cependant fa paffion
était montée à un tel excès , qu'il fe
bornait à l'adorer toute fa vie , fans la
voir , fans lui parler ; il n'avait que du
dedain pour toutes les autres femmes ;
& c'était la force de cette paffion ,
qui nous fefait penfer que fon cœur
était tranquile. Ce n'eft pas tout , par
les raisons que vous favez , madame
Wallon montra un jour à fa Fille un
Cavalier bienfait ; Theodore ne le vit
que trop bien , & fon cœur fit autant
ce chemin que celui de fon Amant.
Ce Cavalier , c'était mon Fils : ils f'a-

doraient. A notre retour ici, tous-
deux ſe ſont aperçus en même-temps :
ils ſont demeurés d'abord immobiles
de ſaisiſſement & de joie : mais bientôt ſe mettant audeſſus de toutes les
bienſeances, ils ſe ſont élancés dans
les bras l'un de l'autre, & ſe ſont ju-
rés mille fois de mourir, avant que
de ſouffrir qu'on les ſeparât. Nos re-
préſentations n'ont pas tardé à faire
impreſſion ſur Theodore ; elle a prié
D'Yran de ſe moderer, & ſ'eſt arra-
chée de ſes bras. Mais votre Fils n'en-
tend rien ; & ſans être pourtant ſorti
des bornes du reſpect, il jure d'aimer
toujours Theodore, & nous conjure
d'avoir pitié de lui.

Cette explication me mit au-fait.
Je vis que D'Yran mon petitfils était
le jeune Mouſquetaire dont ſon Oncle
m'avait parlé ; je vis plûs encore ; c'eſt
que l'éducation que le Chevalier avait
donnée à Theodore, ayant diſposé la
Jeune-perſonne à l'amour, cette paſſion avait en elle une toute autre

force

force que dans le reſte des femmes : enfin, que l'inclination de mon Petit-fils était née dans l'une de ces circonſtances, qui repandent ſur une paſſion cet air d'obſcurité, ce quelque chose d'extraordinaire, qui en prolonge le charme.

Il était bon que j'euſſe ces lumières, & que nous euſſions pris un parti, avant que je retournaſſe auprès du Chevalier, ſuivant mon premier deſſein. Je demandai, en particulier, à mon Épouse & à ma Bellefille, ce qu'elles croyaient à-propos de faire. Toutes-deux furent du même avis, Qu'il falait atendre ; & que, tout conſideré, ſi Theodore était auſſi honnête qu'on le préſumait, elle convenait mieux au Chevalier, qui avait une fortune ſuffisante, qui n'avait plus à faire ſon chemin, & que ſes propres diſpositions portaient à ſe borner ; qu'à un Jeune-homme, qui n'avait pas d'état fait, & qui pourrait ſe repentir un-jour de ſ'être livré à ſa paſſion.

Rien n'était plus raisonnable que ce

sentiment. J'y ajoutai une considera-
tion qui n'était pas d'une petite consequence ; celle du chagrin que nous
causerions au Chevalier. Cependant
je ne leur deguisai pas combien j'étais
effrayé de la force de la passion du
jeune D'Yran, & de celle de Theodore elle-même.

Je partis pour me rendre auprès du
Fils de mon Épouse. En arrivant, je
vis l'effroi peint sur le visage d'un
Domestique, dont je fus heureusement reconnu. Je le pressai de m'in-
troduire, quoiqu'il me repetât qu'il
n'ôsait le faire. J'ouvris moi-même
la porte , & j'aperçus son Maître qui
se promenait à grands-pas dans la
chambre obscure. Je m'avançai tout
auprès de lui sans qu'il me remarquât ;
& lorsque je lui parlai, à-peine fit-
il quelqu'attention à moi. Après un
quart-d'heure d'un effrayant silence ,
que des regards farouches levés vers
le ciel , & quelques gestes de fureur
rendaient encore plus terrible , il vint
à moi tout-d'un-coup ; & comme s'il

m'eût deja parlé : —Quel horrible
trait (me dit-il), ô mon Ami ! & que
dois-je penser du cœur humain ! Vous
le voyez : l'innocence & la candeur
m'ont trompé : je ne me fierai plus à
personne, pas même à vous, que j'estimais, que je reverais.... Vous êtes
un homme (ajouta-t-il avec impetuo-
sité), & vous devez être un monstre
comme comme les autres. Fuyez ;
craignez l'emportement qui s'empare
de moi !.... Mais non ; demeurez ;
il ne fera funeste qu'à moi-seul——.
En achevant ces mots, ses yeux étin-
celèrent d'un feu si vif, que je ne
doutai pas qu'il n'eût pris une resolution aussi ferme que dangereuse. Il
saisit aussitôt son épée. —Que vas-tu
faire, (m'écriai-je) ô mon Fils——! Et
je me jetai dans ses bras. Le Chevalier demeura immobile d'étonnement.
Je crus qu'il ne falait pas differer de
calmer un si violent desespoir. ——Je
puis vous dire où est Théodore
(continuai-je) : c'est auprès de votre
Mère elle-même. Venez, mon fils,

venez lui donner une satisfaction qu'elle desire depuis si longtemps ! Helas ! votre absence n'a été que trop longue ! & les raisons qui l'ont causées doivent être effacées de votre mémoire, comme elles le sont de la nôtre——.

Le Chevalier ne me repondait pas : il semblait se recueillir en lui-même, pour rappeler ses esprits. Enfin, ses regards devinrent plus doux. Il tomba sur un siége, se cacha le visage de ses mains, & poussa un profond soupir. Il falait que la tension extrême où l'avait mis son desespoir, se ralentît par degrés. Dès qu'il fut entièrement rendu à lui-même, il se lèva précipitamment, & se jetant à mes genoux : ——O mon Père ! (s'écria-t-il) vous m'aviez donc reconnu-- ? Je lui contai sincèrement quelles avaient été mes premières conjectures, & comment lui-même il les lavait changées en certitude. ——Alons embrasser votre Mère (continuai-je), l'Epouse de votre Frère, & votre Neveu ; ils vous attendent. —Permettez-moi de differer jufqu'à demain (repondit-il) : je fuis encore trop ému. Je conçois à-préfent ce qui vient de m'arriver : mais dès que Theodore ne m'a pas trompé ; qu'elle eft toujours eftimable, je n'ai plus de fujets de peines ; & votre bonté m'en donne de me rejouir, qui furpaffent toutes mes efperances . . . O mon Père, ô mon vertueux Ami ! mon cœur eft doublement à vous—. Je fus fi attendri de ce difcours, que je mêlai mes larmes aux fiennes ; & que je lui dis : —Tu m'as nommé du feul nom qui me convienne ; je fuis ton Ami, & je ne demande qu'à te le prouver—.

Une partie de la nuit fut employée à cet entretien : mais lorfque j'eus rendu la tranquilité au Chevalier, je me reffouvins qu'on m'attendait chés moi, & qu'on y devait être dans une très-grande inquiétude. Je le dis au Fils de mon Épouse, qui voulut me reconduire avec fon Domeftique jufqu'à ma porte. Il n'entra point ; &

comme il n'avait pas de voiture , j'ordonnai à mon Cocher de le remener.

Je rendis compte à mon Épouse , à ma Bellefille , & même à mon Petit-fils , ainſi qu'à Theodore & à ſa Mère , de tout ce que j'avais fait. Je pris occaſion du deſeſpoir du Chevalier, pour faire entendre au jeune D'Yran, qu'il ne devait ſe flater d'aucune eſperance pour ſon amour. Il faut que cette paſſion ſoit terrible dans tout ce qui eſt du ſang de Placidie ou du mien : Ce Jeune-homme juſqu'alors ſi timide & ſi doux , ſ'avança impetueuſement vers Theodore , & lui prenant la main en notre préſence , il la baiſa : puis élevant la voix , d'un ton qui marquait toute l'alteration de ſon âme, —*Je te voue ma vie , ou ma mort* (lui dit-il) : *il n'eſt rien ſur la terre qui puiſſe me faire changer de reſolution. Adieu , ma Theodore : la decence , & ta pudeur me font une loi de te quitter : mais je te laiſſe toute mon âme dans ce baiſer*—. Il ôſa l'embraſſer , & ſe retira ſur-le-champ. Ni Placidie , ni ſa

Mère, ni moi-même nous n'eumes la force de lui dire un mot; & dans l'indecision où je demeurai, je crus que nous devions garder le même silence avec Theodore.

Lorsqu'elle se fut retirée avec la bonne Wallon, & que nous nous vimes libres, je les préparai à la visite qu'elles devaient recevoir le lendemain. Il fut decidé, que pour rendre cette entrevue aussi touchante qu'elle pouvait l'être, nous ferions prier Aglaé de se reünir avec nous.

Enfin, je touche à l'évènement qui va terminer ces Memoires. Ma Fille nous avait promis sa présence pour deux heures: le Chevalier auprès duquel je m'étais rendu dès le matin, s'acheminait pour venir chés moi: mon Épouse & ma Bru étaient occupées à rappeler le jeune D'Yran à son devoir: l'aimable Theodore écoutait avec patience, un long discours que lui fesait la Wallon, sur les obligations qu'elles avaient au Chevalier: Et moi, j'arrivais de l'hôtel de la Com-

pagnie des Indes, où une affaire in-
difpenfable m'avait appelé. A-peine
j'étais rentré, qu'on m'annonça Theodore, conduite par fa Bellemère. La
Jeune-perfonne f'approcha les yeux
baiffés; & me prenant la main, fur
laquelle elle imprima fes lèvres avec
une ardeur inexprimable : —Monfieur (me dit-elle), Maman vient de
me reveler quelles font les vues de monfieur le Chevalier : je conferverai
toute ma vie beaucoup de reconnaiffance de fes bontés; mais je ne fens
pas que je puiffe l'aimer: ainfi je vous
fupplie , par cette generosité qui
éclate dans toute votre conduire à
mon égard, de me faire entrer dans
un Couvent, où je m'engage à faire
profeffion : je ne troublerai plus le
repos de votre famille; & puifqu'il
n'eft pas poffible que je fois à mon
Amant, je ne veux être à perfonne—.
En achevant ce petit difcours, elle
embraffa mes genoux. Le Chevalier entrait en ce moment; il l'aper-
çoit; il vole à elle : —Theodore !

ma chère Theodore ! (s'écrie-t-il).
La Jeune-personne, qui reconnut sa
voix, leva les yeux sur lui ; je l'observais, & je m'aperçus, à cette première vue, que l'impression n'en fut
pas avantageuse au Chevalier ; il
était bienfait, mais il avait quarante-
cinq ans ; c'est ce qu'exprima le regard de Theodore. Au même instant,
paraît ma Fille. Placidie & ma Bru
s'avançaient pour la recevoir ; le jeune D'Yran les suivait : il voit Theodore presque dans les bras du Chevalier : Il s'arrête ; ses yeux, fixés sur
sa jeune Maitresse & sur son Rival,
paraissaient tantôt exprimer de la tendresse, & tantôt toutes les fureurs de
la jalousie. Occupées d'Aglaé, Placidie & madame D'Yran oubliaient tout
le reste. Je leur dis : —Voila le Chevalier—. Ce mot suspendit leurs caresses ; & toutes-trois se tournant vers
lui, elles l'entourèrent. Aglaé, attendrie,
vivement émue, s'écria : —Qui nous
l'eût dit, mon Frère !... —Mes chèrs
enfans (interompit Placidie) venez
vous reünir dans mes bras—!

Le jeune D'Yran saisit ce moment pour s'approcher de Theodore. Il lui prit la main, qu'elle n'eut pas le courage de retirer, & il attendit qu'on fît attention à eux, pour s'adresser à son Oncle: —Monsieur (lui dit-il), je ne vous connaissais pas, lorsque je suis devenu amoureux de cette belle Persone: peut-être que si j'avais été instruit, comme je le suis à-présent, que j'aurais eu assés de pouvoir sur moi, pour fuir un Objet trop aimable : Mais après avoir nourri dans mon cœur la seule passion qu'il soit capable de ressentir; après m'y être abandonné avec une securité, qui doit me rendre excusable, & avec toute la force de la plus insurmontable des passions, il ne me reste plus que deux moyens pour éviter mon malheur: le premier, c'est votre generosité; le second ne depend que de moi: Parlez; vous devrai je la vie & le bonheur; ou.....dois je me livrer au desespoir—?

Le Chevalier interdit, promena ses regards sur nous, comme pour nous consulter. Ma Bru se hâta de lui apprendre nos dispositions , & notre resolution de la veille. La dame Wallon, de son côté, lui fit observer, que son Neveu & son rival, était cet aimable Jeune-homme, que par ses ordres, elle avait montré à Theodore.

Pendant ces details , D'Yran ne quittait pas la main de sa Maitresse, & paraissait plongé dans une rêverie profonde. Nous nous aperçumes que Theodore lui parlait à l'oreille. —Je ne sais où j'en suis (dit le Chevalier , en s'adressant à sa Bellesœur)! mais, madame, que faut-il que je fasse—? Aglaé lui repondit : —Mon frère, je vous le dirai tout-bas—. Elle l'emmenait , pour lui parler en particulier, lorsque le jeune D'Yran quittant la main de son Amante, & s'approchant de moi, me dit : Daignez m'écouter.... Ma conduite, depuis hièr, n'a pas été aussi respectueuse que je le desirerais moi-même : mais pardonnez à l'amour. Vous avez éprouvé cette passion, je le sais, & vous serez sen-

fible à ma peine. Cependant, quelle
que foit fa violence, elle vient d'infpirer à votre Fils une resolution digne
de vous & de lui-même. Je me remets
à votre difcretion ; à celle de mon
Oncle, quoiqu'il foit mon Rival ; faites de moi ce qu'il vous plaîra : je
vous promets, non de bannir la douleur, mais le desefpoir ; dumoins au
tant qu'il dependra de moi——.

Les Grands-pères font faibles : je fus
vivement touché ; Placidie éprouva
les mêmes fentimens que moi, & nous
careffames l'unique Rejeton de notre
famille ; tandis qu'Aglaé entretenait
fon Frère, pour lui reveler le fecret
de fa naiffance, qu'il ignorait encore.
On voyait le trouble & la furprise
augmenter fur le visage du Chevalier,
à-mesure qu'elle l'inftruisait : cependant il fe remit bientôt, & lorfque fa
Sœur le ramena vers nous, il prit
un air ferein. ——Mon cher Neveu
(dit-il au jeune D'Yran), reprens
courage : fi notre Père & notre refpectable Mère y confentent, je te cède

mes droits sur Theodore : je ferai plûs ; j'y joindrai l'assurance de toute ma fortune : à une condition pourtant... Madame (continua-t-il en se tournant vers ma Bru) elle depend de vous ; accordez-moi la seule faveur à laquelle je borne à-présent mes vœux : c'est de me promettre que nous passerons nos jours ensemble auprès de nos Parens , & que nous ne nous separerons jamais. L'âge où nous alons entrer , est celui où l'on a le plus besoin de la société d'une Personne qui nous soit sincèrement attachée : je me trouve pour vous , madame , les dispositions que je souhaiterais que vous prîssiez à mon égard : l'alliance qui nous rapproche deja , sera fortifiée par les sentimens que je prendrai pour votre Fils ; c'est un Père que je veux qu'il retrouve en moi ; & vous savez que c'est un devoir indispensable dont je m'acquite , en lui tenant lieu de celui qu'il a perdu——!

Des sentimens si genereux nous comblèrent de joie : ma Bru sur-tout

était penetrée de reconnaissance , &
laissait couler des larmes d'attendrisse-
—J'accepte tout ce que vous propo-
sez, mon cher Chevalier , repondit
cette aimable Femme ; & je n'avais
besoin d'aucun motif nouveau pour
suivre un plan , qui était deja le mien
en-partie. Vous êtes mon Frère; depuis
quelque temps notre respectable Père
me disposait à vous aimer , par les éloges qu'il donnait à votre caractère ;
l'estime , l'amitié , la reconnaissance
vont resserrer des liens sacrés , & nous
rendre inseparables. Croyez que je le
desire à-présent autant que vous ; &
que ce que vous demandez comme
une grâce de ma part , je le regarde
comme un bienfait de la vôtre. Jusqu'à-présent j'ai peu senti la perte de
mon Mari ; des temps moins heureux
peuvent succeder : Alors , il me sera
bien doux d'avoir pour soutien le
Frère de mon Époux , & le Bienfai-
teur de mon Fils—.

Tel a été le denoûment d'une avanture, dont les commençemens ne me

fesaient pas efperer une fi heureufe iffue. Le Chevalier & ma Bru perfe-vèrent dans les fentimens que je viens d'expofer, & tous les jours ils paraif-fent f'y affermir davantage, par l'ha-bitude, & la decouverte que fait le Chevalier de mille qualités eftimables dans fa Bellefœur. Ma Fille contribue à cette heureufe union, par la fatiffa-ction qu'elle en marque à fon Frère; & ce dernier, revenu de tous fes égaremens, trouve enfin dans la vertu, le bonheur qu'il avait inutilement cherché dans la paffion de l'amour.

CONCLUSION.

APRÈS deux années d'épreuve, qui viennent de nous confirmer dans l'idée que nous avions prise du merite & de l'honnêteté de Theodore, j'ai cru pouvoir confentir que le jeune D'Y-ran l'époufât : mon Petitfils, dont la tendreffe ne f'était pas dementie un moment, nous avoue lui-même qu'il devait toutes fes vertus, & fur-tout la moderation qu'il avait montrée le jour de la reconnaiſſance de ſon Oncle, aux conſeils de Theodore. Pouvait-il trouver mieux, qu'une Épouse qui lui fait aimer ſon devoir ? Cette union eſt heureuse. Theodore vient même de contribuer à l'augmentation de la fortune de ſon Mari ; un Parent fort riche, qu'elle avait à la Guadeloupe, ayant appris ſon mariage, l'a inſtituée ſon heritière univerſelle; ſans penſer au Frère, dont j'ai dit un mot : mais nous avons réparé cette injuſtice.

Ainſi, je vis heureux au milieu de ma famille, que je vois proſperer ; & mon hiver me donne des jours ſereins, préferables aux plus beaux jours de mon printemps.

Fin du IVme & dernier Livre.

MEMOIRES

D'UN

HOMME-DE-QUALITÉ.

PIÈCES DETACHÉES.

LES BEAUX RÊVES.

I.ᵉʳ RÊVE, *ou* IDÉE D'UNE FÊTE INTERESANTSE.

Prona venit cupidis in sua vota fides. Ov. de Arte.

PRÉFACE, car il en faut une.

UNE belle soirée d'automne, je me promenais dans le parc de Versailles. Trois jeunes Beautés, du sang des Maîtres du monde, vinrent embellir ce séjour enchanté. Leur éclat était éblouissant; leur air affable, & tel qu'il le faut, pour

a

se faire adorer. Je ne voulus rien voir après elles. Je me hâtai de me retirer. De- goûté de tout l'Univers, à-peine dai- gnais-je ouvrir les yeux pour me condui- re. J'en fus un-peu la dupe; mais qu'im- porte, si je ne sentais rien, hors mon admiration? Arrivé chés moi, je me couchai dans les plus riantes idées; je ne tardai pas à m'endormir, & voici

Le songe qu'en dormant je fis.

JUPITER, père & Roi des Dieux, venait d'ébranler les portes de l'Olym- pe, par un majestueux signe-de-tête: elles s'entr'ouvrirent d'elles-mêmes, & l'on decouvrit le Maître du monde, sur un trône d'or, dominé par un Soleil de diamans, qui le disputait en éclat à l'Astre-du-jour.

L'on voyait à droite quatre Jeunes- filles d'une ravissante beauté: l'une était majestueuse; l'autre douce & riante; celle-ci portait sur son front un caractère de severité; celle-là pa-

raiſſait ne reſpirer que l'indulgence :
on les nommait, la *Puiſſance*, la
Bonté, la *Juſtice*, & la *Clemence* : A
gauche, on en voyait d'autres mode-
ſtes & voilées ; c'étaient le *Prières* des
Mortels.

LE Roi des Dieux avait à ſes côtés,
aſſis ſur autant de trônes, trois de ſes
Fils, dont la Mythologie n'a pu
rien dire, puiſqu'ils ne ſont nés que
depuis le milieu de notre ſiècle : il venait de les marier à trois jeunes Deeſſes, & les deſtinait à gouverner le
monde. Tout ce que la Jeuneſſe & la
Beauté peuvent offrir de plus ſedui-
ſant, brillait ſur le viſage de ces trois
Couples Auguſtes.

L'AÎNÉ des Fils, qui devait exercer
la Souveraine-Puiſſance ſur les FRAN-
ÇAIS, avait pour Compagne une jeune Deeſſe, ſi belle, qu'elle effaçait
Venus ; & ſi bonne, ſi genereuse,
que Jupiter crut devoir l'oppoſer à la
redoutable *Até*. Elle portait le nom de
Celle qui ſubjugua l'Amour. Dès ſon

enfance, l'Aigle avait inceſſamment
veillé près d'elle : il la précedait, lorſqu'on l'amena au jeune Dieu : fier de
cet honneur, il s'éleva juſqu'au Soleil, & planait majeſtueuſement dans
le vague des airs.

L'ÉPOUSE du ſecond Fils de Jupiter
portait le nom de DIANE : Et celle du
Troiſième, celui de la jeune HÉBÉ :
Elles étaient filles du Monarque qui
voit gronder les tempêtes ſous ſes
piéds, & qui tient dans ſes mains les
cléfs de la fertile Auſonie.

L'HYMEN & l'Amour avaient mis
ſur la tête des trois Deeſſes une couronne de fleurs immortelles.

IL me ſembla que JUPITER envoyait
ſur la terre ſes trois Fils, & les
trois jeunes Deeſſes, afin qu'ils ſe
montraſſent aux Peuples qu'ils devaient gouverner. Ils deſcendirent à
PARIS. Ah ! quels tranſports excita leur préſence ! Toute la Nation
courut en foule ſur leurs pas : Elle
adorait, & leur divine origine, &

leur beauté , & la royale majefté qui brillait fur leurs visages, & la celeſte bonté qui la temperait. Leur féjour dura trop peu: les regrets des Peuples les fuivirent, lorfqu'ils retournèrent à l'Olympe.

Tous les cœurs étaient remplis d'eux, après leur depart; toutes les bouches celebraient leurs louanges, & l'on formait les vœux les plus vifs, pour que des unions fi belles fuffent bientôt couronnées par la naiffance d'un jeune Dieu, qui affurât à la France le bonheur dêtre gouvernée par le Sang de Jupiter.

Un temps affés long f'écoula : Mais tout-à-coup Jupiter annonce au Monde le bonheur qu'on desirait : il l'annonce en fesant gronder fon foudre , fymbole de fa puiffance , & non de la terreur.

A cette occasion , il me fembla que le Fils aîné de Jupiter & fon augufte Épouse revenaient parmi nous. Tout fut dans une delicieuse

ivreſſe. L'on avait préparé la Fête
la plus pompeuse à l'honneur de la
jeune Deeſſe qui mettait le comble aux
vœux de la Nation.

LES rues où Elle devait paſſer me
parurent jonchées de fleurs ; des guir-
landes qui les traverſaient, formaient
des berceaux odoriferans, dont l'air
était parfumé : une foule inmenſe ſ'a-
gitait ſans confusion, & celebrait ſon
bonheur par des chants harmonieux.

JE vis la Deeſſe, temoigner, par
un gracieux ſourire, la ſatiſfaction
qu'elle éprouvait : mais Elle ne paraiſſait goûter les louanges délicates
qu'on lui donna, que parce qu'elles
étaient l'expreſſion du bonheur, &
le temoignage de notre amour.

ENFIN Elle arriva devant le portique du Louvre : Ce fut-là qu'elle vit
un Spectacle digne d'Elle.

UN trône était élevé pour Elle, &
pour ſon Auguſte Époux. Ils ſ'y pla-
cèrent, aux acclamations repetées des
Peuples tranſportés de joie.

ALORS une jeune Française , dont les charmes ne le cedaient qu'à ceux de la Deeſſe , ſortit du Palais des Rois : elle ſ'avança majeſtueuſement, portant dans ſes belles mains une couronne brillante : ſon habit , d'un bleu d'azur , était parſemé de fleurs-de-lis ; un diadème en pierreries ceignait ſon front. Un jeune Mortel , beau comme l'Amour , portait devant elle un écuſſon d'or , où on liſait , F R A N C E.

CENT autres jeunes Filles la ſuivaient , ſuperbement parées ; mais avec des attributs differens.

LES premières portaient de petites couronnes d'or ; elles repréſentaient les Provinces. Leurs robes traînantes étaient chargées de leurs armoiries, brodées en perles, & des attributs de leurs productions, dans la couleur qui leur eſt propre.

LES ſecondes avaient des couronnes d'argent : elles repréſentaient les principales Villes : leurs robes étaient parſemées de cléfs & de tours en bro-

derie : chacune d'elles fuivait fa Province.

La FRANCE f'inclina refpec-
tueufement devant la jeune Deeffe,
& lui préfenta fa couronne. La belle
PSYCHÉ ne la prit, que pour la remettre à fon Augufte Époux : mais le
Fils de Jupiter ne f'en couronna pas ;
il la reserva pour Jupiter lui-même.

« Deeffe (dit la FRANCE age-
» nouillée), que ne vous dois je pas ?
» Vous venez de remplir mes vœux
» les plus ardens, & de calmer mes
» inquiétudes. Je vous adorais ; j'ad-
» mirais, & vos appas, & vos vertus :
» Aujourd'hui la reconnaiffance fe
» joint aux fentimens que vous m'a-
» viez infpirés : Vous étiez ma Deeffe ;
» vous êtes devenue ma Mère ; la ten-
» dreffe filiale fe joint dans mon cœur,
» au refpect que l'on doit aux Dieux.
» Puiffent, & vos bienfaits, & mes
» obligations f'accroître encore ! Plûs
» je vous devrai, plûs je vous ferai
» attachée. Jamais, ô Deeffe ! jamais

» l'ingratitude ne fut mon defaut. La
» franchise, la candeur, la bonté , l'en-
» joûment forment le fond de mon ca-
» ractère : l'attachement à mes Dieux,
» mon respect , ma tendresse, un
» amour sans bornes à leur égard,
» voila mes vertus: belle Deesse , je
» vous en fais l'hommage parfait ; &
» j'ôse croire qu'il est digne de vous ».

—*Et c'est aussi le seul que je desire*
(lui repondit la Deesse). Elle donna
sa main à baiser ; & la F R A N C E
s'assit à ses piéds.

Ensuite les Provinces & les Villes
s'approchèrent , à leur tour , pour
rendre leur hommage.

La première Province fut celle du
Dauphiné : Elle tenait la Bourgogne par la main ; & toutes-deux se
prosternèrent aux piéds de Psyché,
en lui fesant cette prière:

« Jeune & belle Deesse , que les
» Dieux ont choisie pour donner des
» Maîtres au Monde, l'une de nous
» est celle dont vous honorez le nom

» en le portant : l'autre attend de
» vous le comble de la gloire : Dai-
» gnez agreer l'hommage de nos
» cœurs ; il vous eſt du , aux titres les
» plus ſacrés ; Par votre illuſtre Naiſ-
» ſance ; par votre auguſte Mariage,
» par votre Beauté ; par cette qua-
» lité divine , que vous tenez du ſang
» dont vous êtes ſortie , votre Bonté,
» dont les Peuples heureux qui vous
» poſſèdent, reçoivent chaque jour des
» preuves ſi touchantes. Oui, Deeſſe,
» nous mettons notre bonheur à vous
» être ſoumiſes, à vous adorer, com-
» me notre Souveraine ; à vous aimer,
» à vous cherir, comme notre Mère ».
LES autres Provinces ſ'avançèrent
ſucceſſivement. Le *Parisis*, la *Norman-*
die, la *Champagne*, &c, au nombre
de quarante-ſept ; & toutes firent valoir leurs droits pour nommer à leur
tour un jeune Dieu. Cependant , il y
en eut quatre qui ſe tinrent toujours
en-arrière. La *Provence* & l'*Artois* n'a-
vaient rien à demander : Le *Berri* ſe

cacha derrière le *DAUPHINÉ* ; & l'*Aquitaine* en deuil se tint assise sous un cyprès.

LORSQUE tous les hommages furent rendus, l'on entendit une agreable symphonie.

DES voix harmonieuses chantèrent d'abord l'heureuse union des Fils de Jupiter. Ensuite elles celebrèrent la joie des Peuples, pour l'évènement desiré qu'ils attendaient. Elles dirent :

« NATIONS Amies & voisines, Jupi-
» ter vient de resserrer les nœuds qui
» vous lient ! Il a donné pour Épouses
» aux jeunes Dieux qui vous doivent
» gouverner, les Filles de ses Frères :
» le Franc semillant & leger ; le Ger-
» main naïf & droit sont pour jamais
» unis : les divisions & les jalousies
» ont cessé ; le même sang règne
» sur tous.

» O Junon ! fille, femme & mère
» des Dieux, c'est l'Objet de tes pré-
» ferences que tu nous as donné ! Re-

» çois les actions de-grâces que nous
» te rendons !

» Celui qui règne sur les monts,
» dont la cime se perd dans les nues ;
» qui de ses ailes couvre le riche
» pays, retraite du vieux Saturne, a
» donné ses Filles aux Fils de Jupiter.

» Mais Junon, fille, femme & mère
» des Dieux, nous a donné l'Objet
» de ses préferences : Benissons-la ;
» Benissons les Dieux.

» Le Destin vient de confirmer ces
» nœuds augustes : un jeune Dieu va
» naître, & combler nos desirs : Heu-
» reux Français ! le sang le plus beau
» de l'univers va règner sur vous !

» Aimable Tranquilité ; Paix fe-
» conde ; desirable Assurance, vous
» serez les présens qu'il doit faire au
» monde ! Chantons sa gloire, & no-
» tre amour ! O FRANCE ! il est
» ton Fils, & deviendra ton Père :
» Il t'aimera comme sa Mère, & te
» defendra comme sa Fille ! Chantons
» sa gloire, & notre amour ».

CETTE ceremonie remplit mon cœur d'une joie ſi vive, que l'émotion qu'elle me causa finit mon ſommeil. Je m'éveillai : mais je fus long-temps ſans me douter que j'euſſe fait un Rêve. Cependant, lorſque je m'en fus aſſuré, j'adreſſai mes vœux au Ciel, pour qu'il le realisât. Une douce confiance qui ſe repandit auſſitôt dans mon âme, me donne lieu de croire, qu'il ne tardera pas à l'être. L'Être-ſuprème, qui eſt le Père des hommes, va combler les desirs de toute une Nation attachée à ſes Souverains, par l'inclination plûſque par le devoir. Tous les jours elle decouvre de nouvelles qualités dans le Prince qui doit la gouverner : tous les jours elle admire dans ſa jeune Princeſſe les traits d'une adorable bienfesance.

C'eſt par-là que je finis. Puiſſe le recit de mon Ier Songe faire autant de plaisir au Lecteur, que j'en ai eu à le rêver !

F I N du premier Rêve.

POSTFACE.

MON premier Songe m'avait si agreablement affecté, que dans la situation où
il m'avait mis, je ne rêvais qu'au bonheur public. Mais, par une singularité
heureuse, il s'est trouvé que mon second
Rêve était en partie une realité. C'est ce
qu'on va voir par l'Avant-propos que j'ai
mis à la tête.

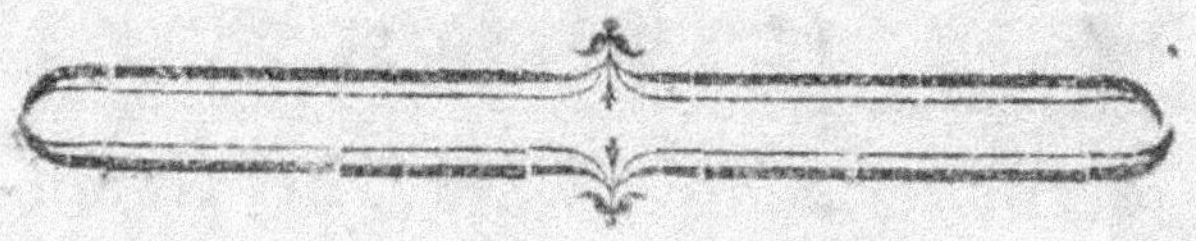

II.ᵈ RÊVE.

LA PANACÉE.

Avant-propos, que j'ai fait à mon reveil.

UNE grande querelle s'éleva jadis entre ces graves Docteurs bernés par Molière. Le ſujet en était important : *Un Mèdecin peut-il prévenir les maladies, ou ne doit-il que les ſuivre ?* Telle était la queſtion, qui fut decidée, à la totalité des voix, moins une, contre les *Préservatifs.*

IL exiſte une maladie, qui nous vient du Nouveau-monde ; ſes ravages épouvantent la terre, & rejouiſſent les Mèdecins : chaque jour, cette hydre renaiſſante, attaque nos vies ſous une forme nouvelle : Il faudrait, pour l'aneantir, un Demi-dieu capable de trouver une Panacée contre le Monſtre des Antilles, & aſſés puiſſant pour braver l'envie & l'interêt des Gueriſſeurs. Des experiences reïterées venaient d'annoncer à l'humanité cette

decouverte intereſſante *. Les Gueriſſeurs en furent epouvantés. A leurs
yeux, elle parut un crime irremiſſi-
ble, qu'on ne pouvait trop punir.
On ſera ſurpris, ſans-doute, & l'on
ne pourra ſe resoudre à croire que des
Viri Clariſſimi, d'*Illuſtriſſimi Viri*, ſ'op-
poſaſſent à une decouverte qui merite-
rait à ſon Auteur la reconnaiſſance de
ſon ſiècle, & la veneration de la poſteri-
té. Auſſi la juſtice exige-t-elle qu'on di-
ſe, que cette vexation injuſte & cruelle
fut l'ouvrage de quelques Jaloux. Ces
genſ-là peut-être avaient un Remède à
faire valoir? De leur temps, le *mal-afri-*
cain était le capital le plus aſſuré du
revenu des Mèdecins & des Chirur-
giens; il n'y avait pas juſqu'aux *Majors*

---

* Le celèbre FALLOPE, Pierre-Ange AGATHUS,
Charles-MUSITAN, Guill COCKBURNE, & beaucoup d'autres ont cherché ce Préservatif, & je
penſe que ſ'ils l'avaient trouvé, la jalousie ne
les aurait pas plus épargnés de leur temps, qu'elle
n'épargne le Fils d'Eſculape. Les hommes furent,
ſont & ſeront toujours les mêmes.

des

des Perruquiers qui ne se fondassent sur lui, pour les petites depenses qu'exigent leurs *Cours*.

Les Ennemis de la decouverte deguisant les veritables motifs de leur acharnement, tâchèrent d'interesser à sa prohibition la Religion & les mœurs. Mais que de choses n'aurait-on pas eu à leur repondre! & de ces choses si triviales, si generalement reconnues, que ce serait fatiguer le Lecteur envain, que de les lui rappeler.

L'on ne pourrait imaginer que cette querelle ait été serieuse, s'il n'existait encore des Memoires repectifs. . . .

Risum teneatis, Amici!

En-effet, prévenir les maladies par la criminelle préparation d'un *Antidote* d'autant plus insalubre pour la Saluberrime FACULTÉ, qu'il est plus salubre pour le Public; c'est un crime de lèze-mèdecine digne de la fièvre, de. . . . &c, &c, &c, &c.

Mais tandis que la très-salubre Faculté deplore notre santé, & ses mal-

heurs, remercions la Providence, &
ne craignons rien pour les mœurs pu-
bliques : elles ne feraient pas exposées;
& le fuſſent-elles, cela ne ferait pas
contre l'Antidote : Parceque le pain
nourrit les Honnêtes-genſ & les Scele-
rats, en defendra-t-on l'usage ? Eh !
qu'eût-il resulté de la *vulgarité* du Préservatif, ſi ce n'eſt qu'aulieu d'abuser
de ſes organes, & de l'amour-physi-
que, on en userait ? C'eſt mettre les
choses au pis * ! Il faudrait n'avoir pas
vècu dans la Capitale & nos Villes de
la première grandeur, pour douter de
la valeur de cette reponſe.

Dans la façon-de-penſer de nos
Gueriſſeurs modernes, ils pourraient mettre dans le latin usuel de la

---

* ASTRUC, dans ſon *Traité des maladies veneriennes*,
Tom II, Liv. III, Chap. II, § 2, ſ'étend beaucoup
ſur les *Preservatifs:* Il n'y croyait point, parce qu'ils
n'exiſtaient pas encore : Cependant, après en avoir
examiné tous les inconveniens, il avoue, (*pag.*
114 *de l'éd.* 1740,) & le prouve, qu'il ſerait
permis de les employer. Cette decision équi-
vaut à celle d'un Juriſconſulte en matière de droit ;
elle eſt fondée ſur le bon-ſenſ.

Faculté-Saluberrime, & faire ſoutenir
par un des Bacheliers de la prochaine
Licence, une Thèſe qui rendît au-vrai
leurs diſpoſitions... *Ridiculum acri....*

Mais il eſt temps d'en venir à mon
Rêve :

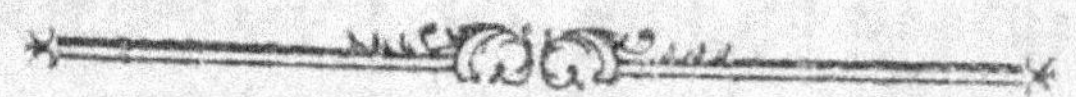

JE rêvais donc une de ces nuits, que
la Mèdecine perfectionnée alait prévenir les maladies : Deja, le Caducée à la
main , j'entrevoyais MERCURE, qui
nous amenait un Fils d'Eſculape , &
je crus entendre qu'il diſait :

« MORTELS ; JUPITER veut mettre
fin à vos maux , ſous le règne heureux de ſes Fils ; il vous envoie une
Panacée contre le plus cruel de
tous. O Mortels ! le Deſtin avait mis
entre les deux Mondes une redoutable
barière : mais, ſollicités par leur Mau-
vais-genie , les hommes alèrent contre
les loix du Deſtin , & franchirent cet
obſtacle ſalutaire. Les Inſenſés ! ils
ignoraient qu'une nouvelle PANDORE,
fille de Cupidon & de la Debauche ,

les atendait, dans une île dangereuse, pour leur donner une boîte fatale, & les infecter de son haleine empoisonnée !.. Ils revinrent dans leur patrie ; ils ouvrirent la boîte, & la contagion s'échappant avec fureur, se répandit sur tous leurs Concitoyens.

» J'aime les Hommes ; j'entrepris de les guerir : mais le Destin voulut que ce fût avec des souffrances inouïes.

» Enfin aujourd'hui, ô Mortels ! JUPITER, père des Dieux & des Hommes, a resolu de donner aux Humains un Fils d'Esculape, qui leur enseigne les moyens de tarir la source de leurs maux ».

IL dit, & disparut, laissant le Fils d'Esculape au milieu de nous.

Aussitôt il me sembla que j'entendais siffler les Serpens de l'Envie, & que des Hommes vêtus de rouge & fourrés d'hermine suivaient l'infernale Deess, qui les abreuvait du venin de ses couleuvres.

Ils criaient, en fesant d'horribles grimaces, *Chaſſons ! Expulſons ! Banniſſons le Fils d'Eſculape !*

A-l'inſtant je crus être tranſporté au milieu d'une Aſſemblée, où je le vis entre les mains des *Herminés*, qui ſ'efforçaient de le depouiller, & de le rendre la fable des Hommes. Mais ſoudain la reſpectable THEMIS leur impoſa ſilence, & mit le Fils d'Eſculape à-l'abri de leur fureur.

J'en étais tranſporté de joie, quand un ſpectacle d'horreur ſ'offrit à ma vue : les Envieux furent précipités au fond du Tartare : J'y deſcendis avec eux. Mon ſejour n'y fut pas long ; on me fit paſſer dans des lieux moins triſtes, où je trouvai les Âmes frivoles qui ſ'exerçaient aux mêmes choses qu'ici-bas. J'y vis des Coquètes qui fesaient encore des mines ; de Petits-colets, qui couraient après des Benefices ; des . . . . . . .des Avares, qui ramaſſaient l'or en fusion dans l'un des égoûts du Tenare, & qui pour ſe l'arracher les uns aux autres , se soumettaient à l'horrible supplice de l'avaler ; des Prodigues , non moins fous , qui n'ayant plus rien à dissiper , vendaient leur honneur & celui de leurs femmes ; des Mèdecins qui avaient l'art de prolonger les maladies , & d'effrayer anodinement leurs Malades ; enfin, des Bacheliers de la Faculté-*Mortiferrime* qui soutenaient des Thèses. Tandis que j'écoutais , ces derniers, une Ombre plus agreable que les autres, vint me chucheter à l'oreille. On saura , par la Lettre suivante (qu'elle me dicta pour un des Ennemis du Fils d'Esculape) le secret de notre conversation : tout ce qui suit est d'elle , jusqu'au titre qu'on va lire.

THÈSE

DE MÈDECINE,

SOUTENUE EN ENFER,

PRÉCEDÉE

DE LA LETTRE

D'UN EXCORPORÉ

A SON MÈDECIN.

A PLUTONOPOLIS,

Chés Alecto-Tisiphone-Megère L'ENVIE, Veuve
de feu Ascalaphe LE DEPIT, Libraire en Enfer,
à la Téte de Meduse, & au grand Cerbère.

L'AN DE PLUTON C. CIƆ CIƆ CIƆ &c, ou 1774.

LUC TUBŒUF, EXCORPORÉ, À Me PHLEBOTOMANE, SON MÈDECIN.

MONSIEUR & très-chèr Père,

Qu'une Lettre de ma part ne vous effraye pas : Celui qui doit vous la remettre a le malheur d'être encore dans la prison corporelle ; c'est ce qui fait qu'il peut me servir de secrétaire, & toucher une plume & du papier, pour écrire mes pensées.

Quant à moi, mon ancien nom doit vous être connu ; puisque j'ai eu l'avantage d'être excorporé de votre main. Je conserve encore une reconnaissance infinie, de ce qu'à l'aide de vingt-quatre saignées, & de quatre-vingt-dixhuit purgations, vous m'avez decorporé vingt ans plutôt que je ne devais l'attendre de mon temperament. Ne soyez donc pas surpris de la qualité de Père que je vous donne. Eh ! qu'est-ce qu'un Père parmi vous, s'il vous plaît ? Celui qui vous a donné la vie, une vie materielle, qui merite à peine

peine ce nom? cependant vous appelez
l'Auteur de cette espèce de vie, notre
Père, Très-chèr Père! Et celui qui nous
a donné, à nous autres Décomposés, cette
vie par-excellence dont nous jouissons,
ne serait pas un Père, un très-cher Père
à notre égard! Vous avez trop de péné-
tration, pour que je sois obligé de m'étendre là-dessus.

Oui, monsieur & très-chèr Père, mon
sort est le plus heureux qu'on puisse imaginer, depuis la liberté que vous m'avez
procurée. Vos Mortels sont des fous (&
j'en ris à-présent), qui s'imaginent que
vous êtes faits pour prolonger des jours
malheureux: mais la sage Nature sait
mieux ce qu'il leur faut; à l'insu du Malade (& souvent à l'insu du Médecin)
elle avance son grand ouvrage, par les
moyens mêmes que les aveugles Mortels
croient propre à le retarder.

Il faut, très-chèr Père, que je vous
dise quelque chose de ma nouvelle façon
d'être: cela pourra contribuer à detruire
les petits scrupules qui vous arrêtent quelquefois, lorsque vous donnez vos ordon-
nances au-hasard.

C

Mon bonheur commença même avant
ce que vous nommez d'un nom fort im-
propre, fort vilain ; avant cet état que
nous ne craignons plus, & que nous aurions desiré, si nous l'avions connu. Vous
vous rappelez que la diète absolue m'avait
épuisé ; c'est-à-dire entièrement degagé des
liens de la matière : on me croyait sans
aucun sentiment ; & j'éprouvais des sen-
sations delicieuses : je voyais toutes les
choses terrestres dans leur vrai point-de-
vue : Oh! quel mepris j'en avais ! &
que j'aurais été fâché qu'un grossier con-
sommé m'eût rappelé à la vie & à mes
erreurs ! Bien-plûs ; je voyais à-decou-
vert les cœurs de tous ceux qui m'environnaient. Je n'ai plus été surpris des jeûnes
rigoureux que s'imposent les Indiens ; de
ceux des anciens Solitaires de la Thebaï-
de, & de ce que les Tunquinois decernent
les honneurs divins à ceux qui sont morts
de faim.

Le mouvement de la machine cessa :
que ce moment fut delicieux ! Représen-
tez-vous ce qu'éprouverait un imbecile Encorporé, en échappant à des Assacins bien-
fesans ; un Naufragé assés malheureux

pour aborder le rivage de sa patrie! &
vous n'aurez encore qu'une faible idée de
ce qu'éprouva mon âme. Ensuite, .. élevée
dans les airs... se transportant, par une
velleïté, du Soleil dans Sirius, de Sirius
dans l'Étoile - polaire, de celle-ci dans
Fomahault, & de-là dans Arcturus *....
revenant ensuite dans cet univers ... cau-
sant, me divertissant avec les habitans de
toutes nos Planètes ... voyant les causes
de tout ... lisant dans les cœurs de tous
les Encorporés.... Et ce n'est pas-là, chèr
Père, la moitié de ma felicité... Mais il
ne m'est pas permis d'en reveler davantage ; outre que l'état ineffable des âmes
est audessus des expressions de vos
langues imparfaites.

Vous êtes surpris, sans-doute, qu'aucun des Excorporés n'ait encore écrit aux
prétendus Vivans. La raison pour laquelle ce phenomène est rare, c'est qu'il
faut qu'un Encorporé vienne reellement
parmi nous, ou tout au-moins en rêve ;
c'est encore, parce qu'en-general les Excor-
porées dedaignent si fort les Mortels, ils

____

* Noms de differentes étoiles.

s'intereſſent ſi peu à toutes vos folies (bien
ſans conſequence, je vous aſſure), qu'ils
ne ſont guère plûs d'attention à vous, que
vous n'en faites aux moucherons & aux
cirons de votre globe. Quant à moi,
très-chèr Père, malgré mon affeĉlion pour
vous, je n'aurais pu me resoudre à rien
toucher de materiel : mais, heureuſement
ce Rêveur eſt arrivé : la circonſtance eſt
d'ailleurs unique ; puiſqu'il ſ'agit d'un
attentat qui fait fremir ! Jupiter, non
content de règner dans l'Olympe, veut
encore retarder le paſſage des Hommes
dans l'Empire de Pluton ſon frère : il
prétend les retenir dans les liens du corps,
& reculer leur immortalité ! C'eſt-là le
point-de-vue ſous lequel cette odieuse en-
treprise nous intereſſe.

Vous connaiſſez bien la Fille de Cupidon & de la Debauche? Elle a plûs
abregé de pelerinages mortels, depuis deux-
cents ans, que toutes les autres maladies
enſemble. Or nous ſavons qu'un Fils
d'Eſculape, bravant le devoir, la deſti-
nation, & le ſacré caraĉlère du Mèdecin,
ôse préſerver de la ſalutaire maladie qui

vous produit tant d'honoraires, & cause
tant d'Excorporations ! Voyez donc,
très-chèr Père, à vous opposer à cela.
N'attentez pas à la vie mortelle du Temeraire ; le decorporer, ce serait le recom-
penser, & non le punir : au-contraire,
prolongez-la, s'il est possible : mais arrêtez ses pernicieux desseins ; couvrez-le
d'opprobres ; rendez-le la fable des Herminés & des Têtes-à-perruque qui composent tant de Compagnies ridiculement
grâves. Ce n'est pas tout, faites soutenir
par vos Bacheliers, une THÈSE que le
Docteur-Regent des Enfers en exercice,
a n'aguères composee pour les Élèves de
la Faculté Plutonico-Parco-inferno-
royale de Decorporation.

Je vous l'envoie, très-chèr Père, non
telle qu'on l'a soutenue ici, mais accomo-
dée à votre faiblesse, quoique le fond soit
le même : Vous ne pourriez supporter la
force, la lucidité de nos raisonnemens ;
vous ne pourriez en saisir la finesse ;
ils vous écraseraient, vous éblouiraient,
ou vous échapperaient.

C 3

THESES in *Latinum Facultatitium tranſlatæ.*

DITI MAXIMO OPTIMO,

PROSERPINÆ,

&Parcis, orthodoxorum Medicorum Patronis :

QUÆSTIO MEDICA,

*Quodlibetariis diſputationibus manè diſ-
cutienda, in Scholis Medico-Plutoni-
corum, die Ditis (Jovis) proximâ.*

M.° Macrino-Pantal. Mortifero,
Noſocom. antiq. Medico, Præſide.

An Medicus morbos ſequi, anteireve debeat?

I.

*N e c caſtiſſimis ſuis Sacerdotibus ve-
ritas nuda ſe exhibet (ait Doctor Corporatus) ; etenim cauſa & qualitas rerum
ipſam ſæpiùs obnubilant : & hinc præ-
judicium, indè lucrum à ſanctuario veri-
tatis nos amovent. Deglutinemus nos igitur ab hoc glutine tenaci, quod nos impedit
arripere volatum noſtrum in aërem liberum
& purum. Ideò, quid eſt Medicus ? Hoc
verbum, latino ſermone, venit à meden-
do, & vult dicere, Medentem ; græco,
*Ιατρὸς venit ab ἰάομαι, quod ſignificat

A

PLUTON TRÈS-GRAND TRÈS-BON,

A PROSERPINE,

& aux PARQUES, patrones des vrais Mèdecins,

QUESTION MÈDICALE,

*A discuter aux Écoles des Mèdico-Plu-
toniens, pour les Disputes Quœdlibe-
taires, Plutondi (Jeudi) prochain.*

M.ᵉ MACRIN-PANTALON MORTIFER,
ancien Mèdecin des Nosocomes
Militaires, Président.

Le Mèdecin doit-il suivre, ou prèceder les maladies?

I.

LA VERITÉ, cette vierge sainte, ne
se montre pas toujours nue à ses Prê-
tres les plus chastes : & le préjugé d'une
part, l'interêt de l'autre, les empê-
chent souvent de penetrer dans son sanc-
tuaire. Depêtrons-nous donc de cette
glu tenace, qui nous empêche de prendre notre vol dans un air libre & pur.
Qu'est-ce qu'un Mèdecin ? Le mot,
en-français, ne signifie pas grand'chose ; en-latin, *Medicus* vient de *medere,*

Reddere robur ; hebraïco venit à אדרך *,
quòd derivat ex Raphá (Corroborare). Ex
his omnibus denominationibus refultat,
quòd Medicus fit Semi-deus, qui reddit
fanitatem & fortitudinem : Atqui ut
reddat, neceffe eft ut perditum fuerit.*

I I.

*N E M O eft (Corporatus) qui credit poffe
dubitare de excellentiá Sanitatis : Atta-
men, fine paradoxá, nequitur fuftinere
hoc ftatum continuum (favorabile entibus
vegetantibus) ita favorabile femper entibus effe viventibus. Nos convenimus quòd
hæc veritas fit difficilis probatu hominibus vulgaribus, fubjugatis fenfibus, &
qui, cùm non Medici, non ficut nos ini-
tiati funt in fcientiá faluberrimá divi
HIPPOCRATIS [cujus Pater, fi divi-
nus fuiffet, non Hippocratem (domitorem
Equorum), fed Nofocratem (domitorem
morborum) debuiffet nominare : Reverà,
Quid eft morbus ? Una crifis, unus nifus
falutaris naturæ, ad expulfandas impu-
ritates ; unus contraftus qui facit fentire
animalibus eorum fanitatem, hoc eft,*

& veut dire Guerisseur ; en - grec,
l'ατρός vient d'ίαομαι, qui signifie,
Rendre la force ; en-hebreu , אדר Rophé , derive de Raphá , Corroborer:
De toutes ces denominations , il re-
sulte , qu'un Mèdecin est un Demi-
dieu , qui rend la force & la santé : Or ,
pour les rendre à Quelqu'un , il faut
que ce Quelqu'un les ait perdues.

I I

Il n'est pas de Corporé qui croye
pouvoir douter de l'excellence de la
santé. Cependant, sans être paradoxal,
on peut soutenir que cet état *continu*,
(favorable aux êtres végetans) ne l'est
pas toujours aux êtres vivans. Nous
convenons que c'est une vérité difficile à prouver aux hommes vulgaires
subjugués par les sens, & qui n'étant
pas Mèdecins , ne sont point, comme
nous , iniciés dans la science Saluberrime du Divin HIPPOCRATES (que
son Père , s'il eût été devin , n'aurait
pas dû nommer HIPPOCRATES, dompteur de chevaux , mais NOSOCRA-

unam valetudinem , unum benè-esse, queis non saporando fruerentur. Morbus est id quod reddit Sanitatem deliciosam ; est tam necessarius animalibus , & super-totùm hominibus , quàm pluvia plantis : Atqui , si morbus est necessarius , per-quid hunc prævenire ?*

---

* Celui qui n'est jamais blessé , (dit Lod-broge Roi de Danemarck , dans l'ode qu'il composa avant que de mourir de la morsure des serpens dont on avait empli sa Prison (*Celui qui n'est jamais blessé , passe une vie ennuyeuse.*

I I I.

AT (& ego inflammor ad hæc) si vos linquitis morbum stabilire , occupare omnes partes corporis , & usque ad fibrillas tenuiores ; si vos attenditis unam bonam plevram , unam bonam inflammationem, unam bonam hydropisiam , bonas apoplexias , paralysias , pulmonias , hydrophobias , cachexias , icterias , unam bonam podagriam (sicut guttam reascensam), unam bonam febrem putridam , unam bonam Veneream-luem , conducti-

TES, dompteur des maladies) : En-
effet, qu'eſt-ce que la maladie ? Une
crise, un effort ſalutaire de la nature
pour chaſſer les impuretés; un admi-
rable contraſte, qui fait ſentir aux
animaux leur ſanté, c'eſt à-dire, un
bien-être dont ils jouiraient ſans le
ſavourer*. La maladie eſt ce qui rend
la ſanté delicieuse ; elle eſt auſſi neceſſaire aux animaux, & ſur-tout aux
hommes, que la pluie l'eſt aux plan-
tes: Or ſi la maladie eſt neceſſaire,
pourquoi donc la prévenir ?

I I I.

MAIS, (& je m'enflâme en y ſon-
geant) ſi vous laiſſez la maladie ſ'é-
tablir; occuper toutes les parties du
corps, & juſqu'aux fibrilles les plus
tenues ; ſi vous attendez qu'une
bonne pleurèsie, une bonne inflamma-
tion, une bonne hydropiſie, de bonnes appoplexies, paralyſies, pulmo-
nies, hydrophobies, cachexies, icte-
ries; une bonne goute remontée, une
bonne fièvre putride, une bonne *Ve-*

tias Moribundum ad portas mortis; qualis
gloria istum reducendi sicutì per manum!
Sic Orpheus Orco suam eripuit Euridi-
cen. . . . Qualis fruitio pro uno Medico,
cùm videat elongatum super uno lecto,
pallidum, lividum, macilentum istum
Hominem tam superbum paucos antè
dies! hunc Ministrum coràm quo se
curvabant omnes, hunc Ducem qui tre-
mere faciebat omnes, hunc Judicem su-
perciliosum; aut hanc imperiosam Mu-
lierem, quæ nuper trahebat ad suum cur-
rum mille dedignatos Amantes! Vah!
qualis potitio pro uno Medico, istos &
& hanc videndi jacientes versus eum
ictum-oculi interrogativum & supplican-
tem! Videndi unam familiam totam
illum circumdantem, manus ejus basian-
tem! . . . Vah! quæ deliciæ pro felici-
bus Ægris, cùm renascentur; cùm revi-
sent loca quæ crediderant linquere, Ami-
cos à quibus se credebant separati pro
semper, & quos huc-usque machinaliter
amaverant! Quæ voluptas, pro tenerâ
Sponsâ, videndi ad vitam redeuntem pa-

nerea-lues aient conduit un Moribond
aux portes de la mort, quelle gloire
de l'en ramener comme par la main !...
Tel *Orphée* arrachait fon *Euridice* aux
monftres infernaux. ... Quelle jouiſ-
fance pour un Mèdecin, de voir éten-
du fur un lit, pâle, livide, decharné ;
cet homme fi fièr quinze, huit jours
auparavant ! ce Miniftre, devant qui
tout fe courbait ; ce General qui fesait
tout trembler ; ce Magiftrat fourcil-
leux ; ou-bien cette imperieuse Beauté,
qui traînait à fon char mille Conquê-
tes dedaignées ! Ah ! quelle jouiffan-
ces pour un Médecin, de les voir jeter fur lui un coup-d'œil interrogatif
& fupliant ! de voir une famille entière, l'environner, *lui baiser les mains !*
... Et quel plaisir, pour les heureux
Malades, lorfqu'ils renaîtront ; qu'ils
reverront des lieux qu'ils avaient cru
quitter, des perfonnes chères dont ils
fe croyaient feparés pour toujours ;
des perfonnes qu'ils n'avaient aimées
jufques-là que machinalement ! Quelle

cificum Maritum quem adorat! vel pro
Marito, quotidiè pallorem lethigenum
cedere colori carminato sanitatis! cùm-
primum aurora vix albula videtur; sed
brevì colores emicant, & bellus ille sol
sanitatis suo toto splendore radiat....
Vah! quæ letitiæ impetus pro tenellis In-
fantulis, patre matreve pueritiæ sufful-
toribus ferè privatis!.. Ubi-terrarum tàm
barbarus & crudelis, qui vellet auferre
Medico tàm grata munera, Humanitati
verò ineffabiles delicias * !

* L'on peut dire, que tout ceci est fondé sur une
connaissance parfaite du cœur humain. Mais qui
doit mieux la posseder que les Decorporés, dont
les âmes sont toutes-nues?

I V.

OMNES Politici conveniunt, quòd
Status non potest stare sine annoná:
Vectigalia, tributa sunt malum singulare,
quod operatur generale bonum. Ars-me-
dica est status cujus Membra (ut utar
comparatione energicá, quamvìs ignobili)
assimilantur pediculis, cimicibus & pulici-
bus; verumtamen cum istá differentiá,

volupté, pour une tendre Épouse de voir se ranimer le pacifique Mari qu'elle adore; ou pour ce Mari, de voir chaque jour la pâleur mortelle ceder au coloris tendre de la convalescence! c'est d'abord une faible aurore; mais bientôt les couleurs se foncent, & le beau soleil de la santé brille enfin de tout son éclat…. Ah! quels transports n'éprouvent pas alors de faibles enfans qui s'étaient vus prêts à perdre un Père, une Mère, les appuis de leur jeunesse!…. Où sera le barbare qui voudra enlever au Mèdecin ces brillans avantages; à l'humanité ces inexprimables délices *!

I V.

Tous les Politiques conviennent, qu'un État ne peut se soutenir sans finances; les impositions, les tailles sont un mal particulier qui opère le bien general. La Mèdecine est un état, dont les Membres (pour me servir d'une comparaison énergique, quoiqu'elle ne soit pas noble) ressemblent aux *pous*, aux

quòd isti animalculi sugunt Benèvalentes;
& contrà Medici exsugunt Ægros. Ars-me-
dica est status necessarius : Quot Feminæ-
mulieres, quot Homunciones-feminæ, quæ
non se credunt sanas sine nostro Certum-
facto ? Quot Heredes anhelantes pòst
axioma Juris, MORTUUS POTITO-
REM FACIT VIVUM *, qui languerent &*
arescerent, si Proles Hippocratica non
coefficeret cum Naturà ? Rectè ! At Ars
illa tàm necessaria brevi non coleretur, si
non aleret Artistas. Quid magis antipa-
thicum cum amplis honorariis, quàm
abbreviare, aut prævenire morbos ; cum
sit notorium (testibus, proh dolor ! om-
nibus PLUTONICÆ - FACULTATIS
Alumnis) quòd Ægri ratione pavoris
curas nostras remunerant : Pallant igi-
tur, & non confirmentur à Medico pru-
denti (dùm terrendo, consolare & refo-
cillare videatur) : hoc interest Medicinâ,
& per contra-ictum Patriâ : & priusquam
hoc omittat Medicus, Ægros, non tan-
tùm eos, de quibus dixerunt sæpissimè
Illustrissimi Viri, FACIAMUS EXPE-
pun. . . .

pun. . ., & aux *puces* ; à la difference
neanmoins que ces animalcules sucent
les personnes bien-portantes , & que
les Mèdecins vivent sur les malades : La
Mèdecine est (dis-je) un état necessaire;
combien de *femmes-femmes* , & d'hom-
mes-femmes ne se croient en santé que
sur notre certificat ! Combien d'heri-
tiers qui soupirent après la maxime de
Droit , *le mort saisit le vif* , qui langui-
raient , secheraient , si l'art d'HIPPO-
CRATES n'aidait à la nature ! Mais !
cet art , si necessaire , ne sera-t-il pas
abandonné , s'il n'alimente , s'il ne
locuplete pas ceux qui l'exercent. Eh !
quoi de plus antipatique avec les am-
ples honoraires , que d'abreger ou de
prévenir les maladies ! . . . Les Malades (& les Praticiens ne le savent que
trop) les Malades ne payent guère
nos soins , qu'à-proportion de la peur
qu'ils ont eue : c'est donc à les épou-
vanter , plutôt qu'à les rassurer , que
le Mèdecin prudent doit mettre toute
son application (pourvu toutefois

d

RIENTIAM IN ANIMA VILI * ; *sed
etiam Primates & Magnates trucidet ,
ad exemplum : Nam*

   Prœtia si tollas , periére Facultatis arcus.

---

* Fesons une expérience sur cette ame
vile. Un pauvre Peintre Français, malade dans
un hopital d'Italie , auquel on appliquait cet axio-
me de Mèdecine, en guerit de peur , & s'enfuit.

V.

*OBJECTABITUR nobis ; Annon
VENEREA-LUES , v. g. posset prœve-
niri tàm lucrificè pro Medico , quàm
sanari? … Proh sacrilegum ! ô blas-
phema ! ô rerum ordinis eversio ! Medicus non MEDERET ! Iátrós non IA-
TROMARET ! Rophé non ROPHARET !
& Venerea-lues , hœc hydra sempèr re-
nascens , quœ fecit reputationes tot Her-
culum Nosocratum , esset non prœventa ,
sed annihilata ! (unum etenim valet
alterum). Ite , igitur , Insani , tœdas
manu gestantes , mittere ignem ad horrea
nostra die posterá messis ! Ite dolia vostra ,
munera Bacchi continentia , extabulare ,*

qu'il le faſſe avec adreſſe, & qu'il pa-
raiſſe conſoler en effrayant) : l'interêt de la Mèdecine, & par contre-
coup celui de la Patrie, demande
que plutôt que d'y manquer, on faſſe
perir des Malades, non-ſeulement de
ceux dont *Viri clariſſimi* ont dit, *Faciamus experientiam in animâ vili* *;
mais encore des plus hupés de la Ville
& de la Cour, *ad exemplum* : Car

Sans argent, point de Mèdecin.

V.

Mais (dira-t-on) la *Venerea-lues*, par
exemple, ne pourrait-elle pas être
prévenue auſſi avantageuſement pour
nous que guérie ? . . . O ſacrilège !
ô blaſphème ! ô renverſement de tout
ordre ! Un Mèdecin ſerait capable d'une
action qui detruirait ſa qualité de Mèdecin, de *Gueriſſeur*, d'*Iatrós*, de *Rophé !* & la *Venerea-lues*, cette hydre renaiſſante, qui a fait la reputation de tant
d'Hercules-Nosocrates, ſerait non pas
prévenue, mais *aneantie* (car l'un vau-
drait l'autre) ! Alez donc, inſenſés,

.... *mealari contabulata! Facite plùs,
& VAPORES in ridiculum vertite; &
non ampliùs diætâ-jejunâ utamini sicuti
fræno, quocum non morbos, sed mor-
bosos frænare solitis: Et pôst hos mag-
nos-ictus, redite, & unà-simul ibimus
psallere, NUDUS EGRESSUS SUM* in
tumulo Plutonicæ-Facultatis. Non eft
hoc totum: Aperite feneftram vitio, im-
pediendo quìn Pæna illud sequatur; & de
gravibus triftibufque Medicis, semper cir-
cumdatis siniftro & formidabili apparatu
Decorporationis, tàm idoneo veneratu,
descendite ad partem (id-eft rôlum) igno-
bilem facundi Præfervatoris! ... O vos,
antiqui Medici, inimici totius novitatis,
ILLUSTRISSIMI VIRI, commodate,
infundite nobis voftrum odium contrà
omnem progreffum in Scientiis, ad con-
fodiendos Innovatores! Cum eis eorum
criminales inventiones, aut decovertæ,
(capaces, cedo, præveniendi & medendi
morbos, sed æqualiter præjudiciabiles

---

* JE SUIS SORTI TOUT NUD, &c. Repons de
l'Office des Decorporés.

alez une torche à la main, porter la
flâme dans vos granges, le lendemain
des moiſſons; alez enfoncer les ton-
nes qui contiennent les préſens de
Bacchus, le lendemain des vendanges:
faites plûs, tournez les *vapeurs* en ridicule; ne vous ſervez plus de la
diète outrée comme d'un mors, avec
lequel vous domptez, non la maladie, mais le Malade : Après ces grands
coups, revenez; & nous irons enſemble chanter un *Nudus egreſſus ſum**,
ſur le tombeau de la Mèdecine....
Ce n'eſt pas tout; ouvrez donc la
porte Vice, en empêchant la Peine
de le ſuivre; & de grâves, de triſtes
Mèdecins, toujours environnés du ſi-
niſtre & redoutable appareil de la Decorporation, ſi propre à vous faire reſ-
pecter, deſcendez au rôle ignoble d'a-
greables *Préſervateurs !* O vous, anciens
Mèdecins, ennemis de toute nouveauté,
Illuſtriſſimi Viri (car cela ne doit ſe
dire qu'en latin) prêtez-nous votre
genie, votre haîne contre tout pro-

& Medico , & Ægris , & Benevalenti-
bus) funditùs pereant ! .... At , quò
efferor ! Cavendum ne novus Icarus ,
aut Phaeton , aut Baalsebuth cespitem !
... Redeamus ad Præservativum.

Nos scimus benè quòd potest fieri nobis
scatebram lucri novam & fœcundam : una
sola consideratio nos retinet : Quis nobis erit cautio quòd Respublica non fa-
vebit Æsculapiadis Antidoto , quo dein-
ceps abutetur , usquè ad annihilatio-
nem VENEREÆ-LUIS , nostra mater-
nutrix ? Et tunc , quid fieretis , ô vos ,
Semi-membra Plutonicæ-Facultatis non
adhuc IELUSTRISSIMI VIRI , & sine
curru (id est un carrosse) ? .... SED
MOTOS PLACEbit Facultati COMPO-
NERE FLUCTUS nostri turbinis : morbi,
& notatìm VENEREA-LUES , erunt ,
pro more, SECUTI, & non PRÆVENTI;
Plutonica-mortiferrima Facultas , quæ
est ORBI ET URBI LETHUM , sed &
SUIS & SIBI SALUS , numquàm suffe-
ret quòd ille fons uberrimus sui reditûs,
tàm necessarius fulturæ , illustrationi , &

grès dans les Sciences, pour confondre les Innovateurs! Periffent avec eux leurs criminelles decouvertes, capables, il eft vrai, de prévenir, de guerir les maladies ; & par-là, également préjudiciables au Mèdecin, aux Malades, & aux Bienportans ! . . . Mais je m'élève trop haut ; & comme Icare, Phaéton, ou l'orgueilleux Roi du Tartare, je pourrais trebucher. . . . . Revenons à l'Antidote.

Nous favons bien qu'il peut être lucratif, autant & plûs que le traitement ; qu'il pourrait devenir une fource de profit nouvelle & feconde : une feule confideration nous arrête : Qui nous repondra que les Encorporés n'arracheront pas au Fils d'Efculape fon fatal Secret, & qu'ils n'en abuferont pas enfuite, au-point d'aneantir la *Venerea-lues* notre mère-nourrice? Alors que deviendraient les jeunes Membres, non CLARISSIMES) & par-conféquent fans caroffe) de la très-mortifère Faculté? Que deviendraient *gloriæ Corporis hodiè tàm florentis, ab Æsculapiadi perfido fit exhaustum.*

Ergò Medicus morbos sequi, non anteire debet.

DOMINI DOCTORES DISPUTATURI.

M.er ANTIQUUS-TIENTFORT DE LA ROUTINE, *Professor Ditius.*	M.er JEJUNUS DIETINE, *Ordinis mortiferrimi jussu phreniater.*	M.er ABDO-CURRENS PURGADIN, *Choliater.*
M.er AMATUS-DESIDERATUS VAPORIPETE, *Guniater Urbis.*	M.er GALLUS-VARIOLINUS INOCULATIFUGE, *Padiater.*	M.er RIGOBERBERTUS-PATIENS-CONJECTURALIS DE-LA-SAIGNETE, *philæmatiater.*
M.er BENIGNUS-VITALIS TATE-EN-BAS, *Guniater Proserpinæ.*	M.er LAZARUS-EXHUMATUS BOILEAU, *Hydriater.*	M.er URINALIS-FERJUS FLAIRE-AU-POT, *philofcatiater.*

Proponebat Elysiis PUNCTILLEUS-ERGOTATUS DE SATYRANCOUR, Picardus, Mortigerrimæ Facultatis Medico-Plutonensis Baccalaureus, Theseos Auctor, anno Proserpin. Elat in Elyf. III, III, 000, 000, à sextâ serotinâ, ad meri-noctem.

Soutenu par POINTILLEUX-ERGOTÉ &c. Picard, Bachelier de la Faculté mortiferrime Medico-Plutonienne, Auteur de la Thèse, l'an de l'enlevement de Proserpine &c, depuis six heures du soir jusqu'à minuit, &c.

Typis mandetur, MINOS-RHADAMANTUS PARCADINUS, *Decanus.*

Typis Vid. Alectûs BROUILLAMINI, Universit. Infernorum, Mortiferrimæ Facultatis, necnon Poetarum & Romangraphorum omnium Typographæ.

. . . *Mais*

.... Mais non ; les maladies, & notamment la *Venerea*, feront (comme de coutume) SUIVIES, & non PRÉCÉDÉES ; la Plutonique Faculté, qui eſt *Orbi & Urbi Lethum* (comme elle eſt *Suis & Sibi Salus*) ne ſouffrira jamais qu'on tariſſe une des ſources de ſes finances, abſolument neceſſaire au ſoutien, à l'illuſtration, à la gloire d'un Corps aujourd'hui ſi floriſſant.

Donc le Médecin doit ſuivre, & non précéder les maladies.

Nota. Cela eſt ſi vrai, que l'usage en a conſacré l'expreſſion ; l'on dit d'un Mèdecin, qu'il a *ſuivi* la maladie de tel & telle.

Les noms des DOCTEURS DISPUTANS, & leurs qualités, ſont à la page latine. Voici la traduction de ces dernières,
1, Profeſſeur Plutonique.
2, Mèdecin des Femmes de la Ville.
3, Mèdecin des Dames de la Cour.
4, Mèdecin qui aime à faire jeûner ſes Malades.
5, Mèdecin des Enfans, anti-Inoculateur.
6, Docteur Sangrado, ou Mèdecin d'eau-douce.
7, Mèdecin qui ne guérit qu'avec des purgations.
8, Mèdecin poſſé pour la ſaignée.
9, Mèdecin parfait connaiſſeur aux dejections.

SUITE DE LA LETTRE.

Vous voyez par cette Thèse, quelle eſt

ici notre façon-de-penſer : Je crois , très-chèr Père , que vous en ſerez content : elle eſt compoſée dans des principes que tous les Bons-eſprits , même les encorporés , trouveront ſûrs & certains.

Je finis , monſieur & très-chèr Père , en vous ſouhaitant une prompte Beatitude , à vous ; & au criminel Préſervateur , le plus grand éloignement poſſible de notre heureux état.

Je ſuis , & ſerai , juſqu'à votre nata-lice ou excorporation fortunée ,

Monſieur & très-chèr Père ,

Votre zèlé Protecteur ,

Z I Z I Z I L E G E R I T I N I , autrefois , Luc Tubœuf.

De paris , ſur la flèche de la Saintechapelle , l'an 2 de mon natalice , ou 1774.

COMME l'Ombre debonnaire de Luc Tubœuf achevait de me dicter ce qu'on vient de lire, un bruit horri-ble , que fit le Docteur Mortifèr , m'effraya , & je m'éveillai.

F I N.

LE SECRET

D'ÉTRE AIMÉ

APRÈS QUARANTE ANS,

ET MÈME A TOUS LES AGES DE LA VIE , FUT-ON LAID A FAIRE PEUR.

L'Amour feul peut nous rendre heureux : d'autres paffions flatent quelquefois nos goûts (comme l'ambition la gloire) ; mais la fatiffaction qu'elles donnent eft infiniment audeffous de cette ivreffe delicieuse où nous plonge une vraie tendreffe : en un-mot, l'on peut dire , que fi toutes les paffions procurent des plaisirs , la felicité complète eft le lot de l'amour. Aimer , c'eft exifter doublement : être aimé , c'eft être un Dieu : car fi la Divinité eft le centre de toutes choses , l'Amant eft le centre auquel fe rapportent toutes les penfées de l'Objet dont il eft aimé. Il n'eft donc rien au monde de plus noble , de plus grand que

II Part.   f

l'Amour; rien qui ennobliffe davantage notre exiftance ; & rien qui doive exciter plus vivement les desirs d'un grand cœur.

Le moyen d'acquerir ce bonheur, de le fixer, pour-ainfi-dire, eft ce que je me propose. Je fais bien que prefque tout le monde eft aimé, dumoins une fois en fa vie: mais la nature femble nous donner, à tous, plutôt à goûter de ce bien fuprême, qu'à en jouir avec plenitude. Nous en prenons donc tous une legère idée; ceux qui ont les organes delicates, la confervent toute leur vie; la plupart des hommes la perdent bientôt, faute de fenfibilité, ou parce que le fentiment de l'amour fut pour eux mêlangé de tant d'amertume, qu'ils l'ont regardée comme une veritable peine. Quelles que foient les differentes manières d'envisager l'amour, il n'en eft pas moins vrai, qu'il doit rendre heureux tous les caractères, & qu'il f'adapte à tous. C'eft donc pour tous les hommes autant que pour moi, que je vais parler, dans le Plan que j'entreprens de me tracer ici.

J'ai consideré, dans ma solitude, avec une attention dont peu d'hommes font capables, diftraits comme ils doivent l'être, par mille foins dont je fuis exempt, l'origine, les progrès de l'amour; fon plein (fi l'on peut employer cette expreffion), & les principes de fa decadence, fuivie de fon exftinction totale. Les causes de l'amour font peut être ce qu'il y a de plus delicat & de plus imperceptible dans la nature. C'eft non-feulement la beauté, les grâces; c'eft encore un rien, un certain air, quelque chose dans le gefte, dans le regard, dans la marche, dans le fon de la voix &c; une feule de ces choses qui fe trouve à l'uniffon de nos organes, nous enlève, & repand fon charme fur tout le refte de l'Objet. Cet uniffon fe fait fentir dès que nous voyons une Femme qui nous plaît. Si nous la fuivions quelque temps; que nous euffions occasion de la voir, ce fentiment deviendrait toujours une paffion. Mais comme l'organe, à force d'être exercé, fe fatigue; que l'harmonie la plus agreable lafferait enfin, fi elle était toujours entendue; il faut établir auffi que l'amour veut que fon Objet foit nouveau, dumoins à certains égards: l'habitude & l'ardeur inquiète, en detruit le charme dans la jeuneffe; les dedains & les mepris f'éloignent dans la vieilleffe: & c'eft-là furtout ce que je voudrais prévenir.

Dès qu'une femme nous a frappés par quelqu'une des choses que j'ai dites, elle nous occupe agreablement, & chatouille notre imagination: nous aimons les choses agreables; nous revenons confequemment fort fouvent à penfer à cette femme. Son image fe grave dans notre mémoire; notre imagination l'embellit, & lui prète non-feulement tous les charmes de fon fexe, mais encore tous ceux de l'a-

mour ; & c'eſt là cette ceinture de
Venus dont parle la Mythologie : nous
en parons notre divinité ; nous cher-
chons enſuite à la revoir ; & comme
nous en ſommes fortement occupés,
les eſprits qui ſe dirigent de ſon côté,
fortifient l'impreſſion qu'elle a deja
faite ; notre mémoire la trouve en chemin à chaque idée qu'elle veut ſe retracer. Nous revoyons enfin cette belle
Perſonne. Quels avantages elle a pour
nous plaire à cette ſeconde vue ! Ce
n'eſt plus ſimplement une jolie Femme ;
c'eſt à nos yeux le type & le modèle
de la beauté ; c'eſt l'Objet que nous
identifions avec notre amour même ;
c'eſt le terme cheri de nos penſées &
de nos deſirs ; c'eſt en-un-mot une
Divinité, dans quî nous voyons la
ſource du bonheur. L'amour ſuit cette
règle phyſique, par laquelle la chute
des corps ſ'accelère en proportion
double à la ſeconde minute, en tri-
ple à la troiſième. On peut dire de lui
que, faible au premier inſtant, c'eſt une

étincelle, qui cause bientôt un incendie.

Nous aimons : Si l'Objet qui nous a charmés n'a pas de fortes raisons qui l'en empêche, il est impossible qu'il ne nous paye pas de retour ; c'est une de ces loix de la nature, aussi certaine, qu'aucune autre : si elle n'a pas toujours son effet, c'est que la nature est contrariée, par quelqu'une des trois choses suivantes : Ou une laideur rebutante ; ou la force du préjugé de l'éducation, qui met de la distance entre les conditions, ou bien enfin, l'inclination pour un autre Objet : encore l'amour triomphe-t-il quelquefois de chacune de ces choses, & même de toutes ensemble ; l'on en a vu plus d'un exemple.

Tant que l'Amant n'est pas aimé, sa passion a une étonnante activité, qui augmente en raison des obstacles ; pourvu toutefois qu'il n'envisage pas de l'impossibilité ; car alors le decouragement succède ; ou si la passion est extrême, le desespoir. Ceci n'entre pas dans mon plan, dont le succès est certain.

Le premier instant où l'on apprend que l'on est aimé, produit une ivresse delicieuse, qui a l'effet de l'ivresse ordinaire; elle transporte d'abord, elle augmente le ressort des fibres, & finit par l'abbatement & le sommeil. Voyez un Amant la veille de l'aveu qu'il desire, & voyez-le lendemain; ce n'est plus le même homme; il est cent fois moins aimable, & moins digne d'être aimé. Et rien de plus naturel; il serait autant contre la raison, que contre les loix éternelles, que le desir & la possession subsistassent en-même-temps; comme il est contre ces mêmes loix que je sois au but, & que j'y tende encore. Cela ne signifie pourtant pas que l'état de l'homme aimé ne soit pas agreable pour l'Objet dont il est aimé; une Maitresse bien tendre, bien sensible, goûte un plaisir inexprimable à faire le bonheur de son Amant; elle est si genereuse, qu'elle aimerait mieux quel-

quefois le voir moins tendre que
moins heureux ; elle jouit la première
de la *quiétude*, & de l'*aſſurance* qu'elle
a procurée. Mais les Femmes de ce caractère ne composent pas le grand
nombre ; d'ailleurs elles ont des de-
fauts qui contrebalancent cette qualité.
Ne comptons donc pas là-deſſus

Dès que l'amour ceſſe de craître,
il diminue : l'art ſuprême connu, ſerait de le maintenir dans l'âge de la force, ou dumoins de ralentir tellement ſa
decadence, qu'elle alât par une *de-
gradation* inſenſible. Mon ſecret à moi,
c'eſt de le retenir au point qui précède
juſtement celui où il doit ceſſer de
craître.

Pour y parvenir, je me propose
quatre choses ; 1, D'être aimé ; 2, De
n'être vu qu'en perſpective ; 3, D'employer à charmer l'Objet de mon attachement, tout ce que j'eus de grâces,
lorſque j'étais jeune ; ou ſi j'avais été
laid (ce que je dis pour generaliser
ma methode), tout ce qu'en a le plus

beau Jeune-homme que je pourrai decouvrir ; 4, De tout voir , fans être
vu ; de tout entendre , fans être entendu ; & de repandre , d'après des
notions fûres, un charme feducteur fur
tout ce qui m'environnera.

1, *Être aimé :* Voila fans-doute le
point effenciel , mais non le plus difficile. On peut fe faire aimer fans avoir
été vu : Écrivez ; montrez une belle
âme, on la croira logée dans un
beau corps. Prenez un ftyle femillant,
on vous croira jeune. Parlez fciences
ou litterature ; faites, ou empruntez
quelques vers delicats, on vous croira
de l'efprit. Que le jeune Objet de votre tendreffe apprenne de vous quelque beau trait d'humanité , l'on vous
croira toutes les vertus : Eft-il poffible qu'on n'aime pas un homme beau,
jeune , fpirituel , riche & vertueux ?
Vous voila donc aimé : mais il faut
continuer à l'être.

2, Vous avez paffé l'âge de plaire ;
il faut n'être vu qu'en perfpective. Ce

n'eſt ici qu'une affaire d'optique : vous avez auprès de la jeune Beauté une Perſonne-de-confiance , dont vous vous êtes ſervi pour tout préparer ; elle fait en-ſorte que vous ſoyiez vu , ſans qu'on puiſſe diſtinguer vos traits : l'imagination eſt un Peintre flateur ; elle vous repréſentera charmant ; l'on peut en croire mon experience. Chacun ſera maître d'inventer des moyens pour cela ; qu'on ſoit vu dans un appartement , à la promenade , il n'importe ; pourvu qu'on ne puiſſe pas être abordé. Mon moyen à moi , ſera d'être vu de dehors , ou bien à travers de ma chambre obſcure dans mon appartement ; qui ne ſera pas cenſé le mien , mais celui d'un Ami , auquel je rends viſite. La poſſibilité de me voir , & toutes les autres circonſtances ſeront vraiſemblables autant qu'il ſera poſſible , & ne donneront aucun ſoupçon.

3 , *Employer à charmer l'Objet de ſon attachement tout ce qu'on eut de*

grâces, lorsqu'on était jeune; ou, si l'on avait été laid, tout ce qu'en a le plus beau Jeune homme que l'on pourra decouvrir. C'est ici qu'il faut beaucoup d'adresse & de ruse : faites-vous peindre tel que vous étiez à vingt ans ; il n'est pas de Peintre en portrait au fait de son art, qui ne sache *retrograder* une figure : on fera voir ce tableau à votre jeune Maitresse : vous en devinez l'effet. Si dans votre jeunesse vous étiez si laid, qu'on ne puisse rien tirer de votre physionomie, prenez celle d'un autre, & choisissez-la charmante : que ce soit quelque Jeune-homme qui ne puisse avoir aucune relation avec votre Maitresse ; mais qui ait coutume de passer quelquefois. A la première occasion qui s'en présentera, votre Personne-de-confiance s'écriera, en le voyant : ——*Ah ! mondieu ! voila Monsieur ! . . . mais . . . non . . . ce n'est pas lui ! . . . En-verité, l'on ne saurait se ressembler davantage . . . Monsieur a cependant quelque chose de plus degagé*

dans la taille ; la jambe plus fine &c.
Imaginez ce qui se passera dans l'âme
de la belle Personne, sur-tout, si
l'on a eu soin de pressentir adraite-
ment si le Jeune-homme était à son
gré : car c'est une condition essenciel-
le , & que je n'oublie pas ; on ne fera
même le portrait qu'après la petite
tricherie dont je viens de parler.

4, *Tout voir, sans être vu ; tout en-
dre, sans être entendu ; & repandre,
d'après des notions sûres, un charme feducteur sur tout qui environnera.* Je commence par prévenir, qu'il ne faudra
pas que la Personne-de-confiance elle-
même, connaisse tous vos moyens :
elle sera sous vos yeux sans le savoir,
& vous vous mettrez à-portée d'entendre tous les entretiens qu'elle aura
avec sa jeune Élève. Règlez lés heures où votre Duègne sera seule avec
elle, & soyez d'une severité là-dessus
qui lui fasse craindre, à la moindre
faute, de perdre les avantages que
vous lui faites : il vous sera facile de

connaître les petites contraventions, & de faire entendre, sans commettre votre secret, que vous en êtes informé. Ce n'est pas tout : usez du moyen que je me propose d'employer moi-même : si vous avez de la voix, vous ferez, comme moi, entendre dans le lointain des sons charmans, propres à remuer l'âme, & vous choisirez les airs les plus analogues aux organes de votre Maitresse. Un homme de goût, quoiqu'Academicien, fit un jour une remarque sur les effets de la musique ; c'est qu'elle remue avant même que d'être entendue, & qu'un Chanteur met à son unisson fort au-loin tout ce qui l'environne : usez de cette recette : votre Femme-de-confiance, qui sera prévenue, jouera l'admiration, & fixerait l'attention de son Élève, si elle était distraite.

Vous repandrez ainsi le charme sur votre personne & sur tous vos *entours* : j'ôse vous prédire, que si dans la suite vous veniez à être connu, il se

prolongerait, & que vous feriez aimé
pour vous-même. L'ingenieux *Apulée*
a voulu fans-doute nous donner les
mêmes avis, par fa charmante Hiftoire
des Amours de Pfyché ; c'eft une fine
allegorie, qui a plus d'un fenf. Ainfi,
quoique je vienne de dire, craignez-
en le denoûment, & que fi vous
êtes vu trop tôt, l'amour ne f'en-
vole.

F I N.

Fautes à corriger : dans la I Partie.

Page 22, *ligne* dern. brouillions, *lisez*, nous brouillions.
97, *l.* 19, vous feriez tombée, *lisez* feriez tombée.
100, *l.* 23, & culte, *lisez* & le culte.
115, *l.* 21, tous, *lisez* tout.

Seconde Partie.

66, *l.* 7, bras l'indigne, *lisez*, bras de l'indigne.
67, *l.* 20, une forte d'aneantiffement, *lisez* dans
l'aneantiffement
77, *l.* 8, où l'on alait, *lisez* où l'on devait.
104, *l.* 10, de nuit, *lisez* de la nuit.